NONGCUN DIANSHANG WULIU
FUWU ZHILIANG YOUHUA YANJIU

农村电商物流
服务质量优化研究

郑洁 著

知识产权出版社
全国百佳图书出版单位
——北京——

图书在版编目（CIP）数据

农村电商物流服务质量优化研究 / 郑洁著 . —北京：知识产权出版社，2021.8
ISBN 978-7-5130-7492-6

Ⅰ.①农…　Ⅱ.①郑…　Ⅲ.①农村—电子商务—物流管理—研究　Ⅳ.①F713.365.1

中国版本图书馆 CIP 数据核字（2021）第 067279 号

内容提要

　　本书梳理了国内外对乡村振兴、农村电商物流相关的研究理论，深入剖析乡村振兴战略下我国农村电商发展现状和特点，对农村电商物流服务进行演化博弈分析，通过构建农村电商物流服务质量评价指标体系进行评价，提出了优化农村电商物流服务质量的路径。

　　本书可为电商企业或地方政府提供借鉴。

责任编辑：张雪梅　阴海燕　　　　　　责任印制：孙婷婷

农村电商物流服务质量优化研究
NONGCUN DIANSHANG WULIU FUWU ZHILIANG YOUHUA YANJIU

郑　洁　著

出版发行：**知识产权出版社**有限责任公司	网　　址：http：//www.ipph.cn
电　　话：010-82004826	http：//www.laichushu.com
社　　址：北京市海淀区气象路 50 号院	邮　　编：100081
责编电话：010-82000860 转 8693	责编邮箱：laichushu@cnipr.com
发行电话：010-82000860 转 8101	发行传真：010-82000893
印　　刷：北京九州迅驰传媒文化有限公司	经　　销：各大网上书店、新华书店及相关专业书店
开　　本：700mm×1000mm　1/16	印　　张：14.25
版　　次：2021 年 8 月第 1 版	印　　次：2021 年 8 月第 1 次印刷
字　　数：220 千字	定　　价：68.00 元

ISBN 978-7-5130-7492-6

序

　　实施乡村振兴战略是党中央作出的重大决策部署，是全面建设社会主义现代化国家的重大历史任务，是新时代解决"三农"问题的重要抓手。在新时代新机遇下，新经济业态和新消费形式迅速崛起，中国的社会和商业环境正迎来深层次的变革。尤其是在广袤的农村地区，在以电商为代表的新模式和新技术的推动下，农村地区的"上行下达"正经历着深层次的变革。如今，各行各业都在积极响应"互联网+"政策，互联网正深刻改变着农业这样相对落后的传统行业，借助互联网之力实现行业的跨越式发展和变革成为可能。

　　近年来，互联网农业正在蓬勃兴起。农业与互联网的融合是将互联网技术与农业生产、加工、销售等产业链环节相结合，加速转变农业生产方式、发展现代农业的步伐，实现农业发展的科技化、智能化、信息化，这是传统行业与新思维的碰撞，更是时代发展的潮流。

　　众所周知，发展农村电商最大的一个问题就是物流。在面向农村的电子商务物流过程中，"最后一公里"问题成为一个显而易见、不容回避的现实问题。尽管国家在商业流通发展中给予了一定的扶持，各地企业也结合新形势、新技术，创新发展了一些新的物流服务方式，但制约农村电商物流服务的瓶颈仍未能根本解决。特别是在城乡交融过程中，又出现农村人口急剧变迁的新情况，给新时代农村物流更增加了复杂性。"最后一公里"问题长时间困扰着农村电商物流的发展，一定程度影响了农村电商服务的质量和效率。加之我国一些农村地区互联网普及率较低、基础设施建设不完善、信息系统不完备、服务体系延伸不足、物流运输成本高、配送时间长以及顾客满意度低等一系列问题，致使农村农产品滞销事件时有发生。因此，只有解决了这些问题，农村电商物流才能够得到进一步的发展。

基于此，本书注重与社会实际相结合来解决农村电商物流服务质量的现实问题，在深入剖析乡村振兴战略下农村电商物流的发展现状和特点的基础上，对农村电商物流服务进行演化博弈分析，然后通过构建农村电商物流服务质量评价指标体系进行评价，从而有针对性地提出优化农村电商物流服务质量的具体路径，希望为地方政府提升农村电商物流服务质量提供有益的借鉴。

目　录

第1章 绪 论

乡村振兴战略是党中央在深刻把握现代化建设规律和城乡关系变化特征的基础上,对"三农"工作作出的重大决策部署,在我国"三农"的发展进程中具有划时代的里程碑意义。

2018 年中央一号文件《中共中央 国务院关于实施乡村振兴战略的意见》提出,"大力建设具有广泛性的促使农村电子商务发展的基础设施,鼓励支持各类市场主体创新发展基于互联网的新型农业产业模式,深入实施电子商务进农村综合示范,加快推进农村流通现代化",进一步为我国农村电商发展指明了方向。2020 年中央一号文件《中共中央 国务院关于抓好"三农"领域重点工作确保如期实现全面小康的意见》进一步明确,要改善农村的公共文化服务,要加大农村公共基础设施建设力度,要保障重要农产品有效供给和促进农民持续增收。近几年来,随着国家全面实施乡村振兴战略以及对"三农"问题的重视程度日渐加强,发展农村电子商务已经成为政府部门和电商企业的重点关注对象。现阶段,我国农村电子商务呈现出良好的发展态势,具有非常广阔的发展前景,并且取得了一定的成绩,特别是随着农村消费能力的持续提高,网上销售、网上购物已经成为农村地区的一种新潮流。农村电商已经渐渐成为业界新动态与形态。电商物流在农村电商体系中扮演着至关重要的角色,能够带动与促进农村地区获得更好的发展,在农村地区的经济转型中地位十分突出。但是,由于我国农村电子商务发展仍然处于初始阶段,发展时间较为短暂,尚未构建完善的、全面的农村电子商务生态系统,其中的电商物流问题更是亟待发展的重中之重。

1.1　问题的提出

1.1.1　新时期"三农"问题的机遇与挑战

农业是安天下、稳民心的战略产业，农村是全面建成小康社会的重点，农民是中国革命和现代化建设的关键。近年来，"三农"问题始终是关系国计民生的根本问题，是党和国家的工作重心。在加快推进社会主义现代化的进程中，必须贯彻落实中央工作会议的精神，在各项工作部署中高度重视"三农"问题，并通过深入实施乡村振兴战略，持续深化农业供给侧结构性改革，完善农村基础设施建设，提升农民的生活水平，进而真正落实并切实解决"三农"问题，助推农村经济实现高质量发展。国家的一系列战略决策与政策支持为解决"三农"问题带来了重大机遇，使我国农业发展稳中有进，农村社会和谐稳定，"三农"发展取得了较为显著的成效。然而，在当前经济新常态的背景下，"三农"问题仍是我国经济发展的短板，是制约农村经济发展的重要因素，在迎来新的发展机遇的同时，也面临着巨大的挑战。

1.1.1.1　新时期"三农"问题面临的机遇

第一，乡村振兴战略为解决"三农"问题带来机遇。实施乡村振兴战略是党中央作出的重大决策部署，是全面建设社会主义现代化国家的重大历史任务，是新时代解决"三农"问题的总抓手，为实现"三农"持续发展带来了新的机遇。2018 年 1 月，中央一号文件明确指出，实施乡村振兴战略，要"坚持把解决好'三农'问题作为全党工作重中之重，坚持农业农村优先发展"，"加快推进农业农村现代化"。这是党中央着眼于全面建设社会主义现代化国家作出的重大战略决策，是新时代"三农"工作的重要指导思想，是加快实现农业农村现代化发展的重大行动举措，为"三农"工作带来了新的发展机遇。乡村振兴战略以农业产权制度、农村土地制度和农民支持保护制度为重心，为解决"三农"问题提供了制度保障和有利的政策环境。通过实施乡村振兴战略，引导社会各界积极投入乡村建设，引进专业人才，为"三农"发展注入新力量。通过实施乡村振兴战略，加大对"三农"的公共财政支持力度，能够在一定程度上强化农村建设投入保障，提高农村经济服务水平，使农业的发展资金得到充分保证，进而为解决"三农"问题带来新机遇。

中央一号文件再次聚焦"三农"，提出农业农村优先发展战略，这也是利好农村电商的新政策。众所周知，发展农村电商时最大的一个问题就是物流，只有完善农村的物流体系，农村电商才能够得到进一步的发展。交通运输部办公厅《关于推进乡镇运输服务站建设加快完善农村物流网络节点体系的意见》指出，要加快完善县、乡、村三级农村物流网络节点体系，鼓励在主产区建设农产品贮藏点及分级包装等设施点。完善各个乡镇的物流配送点，将宽度深入各个农户，加快速度，降低费用，不断改善农村环境，这些措施为"三农"问题的根本解决提供了有效途径。

1.1.1.2 新时期"三农"问题面临的挑战

"三农"的质量，是农村发展水平的"晴雨表"。在新的历史格局下，实现乡村振兴，新时期"三农"问题面临的挑战主要表现为以下三个方面。

第一，乡村振兴战略的实施难度较大。目前，在乡村战略的实施过程中仍存在严重的农村"空心化"现象、生态环境恶化及治理混乱等问题，在一定程度上阻碍了农村现代化的发展进程。首先，农村"空心化"现象造成农村人口、土地、产业及公共服务等资源逐渐流失，导致农村地区的经济社会功能整体退化，使乡村振兴战略的实施难度加大，进而阻碍"空心化"问题得到有效解决；其次，农村生态环境恶化及治理混乱，造成乡村振兴战略实施的外部环境极不稳定，不利于有效解决"三农"问题。加之农村地区居民的环保意识较弱，对环境污染的治理基础薄弱，管理力度小，这些严重影响了农村的可持续发展与乡村振兴建设的成效，进而抑制了"三农"的发展进程。

第二，农村电商的发展阻力较大。近年来，农村电商虽然取得了较大成效，但由于我国农村电商发展起步较晚，农村地区互联网普及率较低，基础设施建设不完善，农村物流网络覆盖不全面，配送成本较高，严重地制约了我国农村电商的发展进程，为"三农"发展带来了巨大挑战，解决"三农"问题仍任重而道远。

第三，农村电商物流发展中存在的问题较多。在面向农村的电子商务物流过程中，"最后一公里"问题成为一个显而易见、不容回避的现实问题。尽管国家在商业流通发展中给予一定扶持，各地企业也结合新形势新技术，创新发展了一些新的物流服务方式，但制约农村电商物流服务的问题仍未得到根本解决。在城乡交融过程中，又出现农村人口急剧变迁的新情况，给新时代农村物流增加了复杂性，这些在一定程度上影响了农村电商服务的质量和效率。因此，只有这些问题得到有效解决，农村电商物流才能够得到进一步的发展。

1.1.2 乡村振兴战略视域下农村电商发展的新契机

乡村振兴战略的提出表明我国农村建设已正式进入全新的发展阶段。2019年国务院发布的中央一号文件《中共中央 国务院关于坚持农业农村优先发展 做好"三农"工作的若干意见》指出要实施数字乡村战略。"深入推进'互联网＋农业'，扩大农业物联网示范应用。推进重要农产品全产业链大数据建设，加强国家数字农业农村系统建设。继续开展电子商务进农村综合示范，实施'互联网＋'农产品出村进城工程。全面推进信息进村入户，依托'互联网＋'推动公共服务向农村延伸。"国家的一系列战略决策部署为农村电商快速发展提供了政策支持，在国家政策的驱动下，我国农村电商取得了巨大成就。近年来，我国大力促进各类资源要素向农村地区倾斜，积极构建农业农村优先发展的长效机制。随着农村基础设施的逐步完善与农村经济水平的持续提升，农村电商实现了快速发展，在乡村振兴的建设过程中发挥着重要作用，逐渐成为推动我国农村经济社会发展的新引擎。与此同时，乡村振兴战略的实施推动了农村电商的进一步发展，在该战略的指引下，我国农村电商的发展迎来了新的契机，并呈现出良好的发展态势。

2018 年中央一号文件指出：近年来，中央一号文件持续对实施乡村振兴战略进行了重大部署，并明确提出该战略为农村电商的发展带来新契机的主要途径。基于乡村振兴战略视域的农村电商发展的新契机主要表现为以下四个方面。

第一，提高基础设施建设水平，创造新契机。中央全面深化改革委员会第十一次会议提出，建立完善农村支持保护制度，要坚持农业农村优先发展，"以实施乡村振兴战略为总抓手，从农业供给侧结构性改革、农村可持续发展、农业投入保障、农业补贴补偿、支农资金使用管理等方面深化改革"。农村基础设施建设是社会主义新农村建设的重要物质基础，也是农村发展亟待加强的薄弱环节。在推进乡村振兴战略的实施过程中，要不断完善农村基础设施建设，加大投入力度，创新投入方式，积极引导各类社会资源投入农村基础设施的建设中。农村需要在完善基础设施建设的基础上积极构建农村电商平台，不断深化农村流通体制改革，逐步建立安全高效、全域覆盖、城乡一体的基础设施服务网络，为现代农业集约化、规模化、机械化发展奠定基础。同时，随着农村基础设施建设的不断推进与农村电商的快速发展，有利于吸引各类专业人才返乡投身农村电商建设事业，为当地经济高质量发展注入强大动力，并为农村电商的发展创造新契机。

第二，加快城乡要素资源流动，促成新契机。长期以来，城乡二元结构仍是我国经济社会发展中较为突出的问题，在一定程度上抑制了农村电商发展进程。中央全面深化改革委员会第十一次会议指出，"构建更加完善的要素市场化配置体制机制，要坚持以供给侧结构性改革为主线，坚持深化市场化改革、扩大高水平开放，破除阻碍要素自由流动的体制机制障碍，扩大要素市场化配置范围，健全要素市场体系，推进要素市场制度建设，实现要素价格市场决定、流动自主有序、配置高效公平，为推动高质量发展、建设现代化经济体系打下坚实制度基础。"在实施乡村振兴战略的过程中，需要树立城乡融合发展理念，持续优化城乡资源配置。同时，通过建立城乡融合发展的政策体系，加快形成以城带乡、工农互惠、城乡一体的新型城乡关系，逐步实现城乡居民基本权益平等化、城乡公共服务均等化、城乡要素配置合理化以及城乡产业发展融合化，促使人力、物力、财力等优势资源向农村地区流动，为农村电商的进一步发展奠定基础，开创乡村振兴建设和农村电商发展的新局面。

第三，实现参与主体多元化，迎来新契机。国务院在《关于促进乡村产业振兴的指导意见》中指出，"要更好发挥政府作用，引导形成以农民为主体、企业带动和社会参与相结合的农村产业发展格局"，助力落实乡村振兴战略。与此同时，必须充分发挥现有市场资源以及第三方平台的作用，培育多元化的农村电子商务市场主体，引导政府、企业、农村合作社、农户等主体积极参与农村电子商务的发展。如政府应大力引导农产品经营企业、农村合作社以及各农户积极开展农产品网络销售等业务，促进农村电商的进一步转型发展；企业应在政府的领导下积极拓展农村业务，为农村电子商务的发展提供网店建设、仓储物流、市场推广、代理运营等专业化服务；农村合作社应坚持市场化原则，通过现有组织系统和流通体系，加快推进信息化改造，强化电商物流配送功能，推动线上线下融合发展的现代流通网络的形成与发展；农户应充分利用电商平台，促进农产品销售，使实体经济与互联网产生叠加效应，加快农村电子商务的发展进程，推动乡村实现全面振兴，为农村电商迎来新的发展契机。同时，国家通过积极鼓励各主体参与农村电商的发展，使农村剩余劳动力的就业问题得以解决，加快推动农业全面升级、农村全面进步、农民全面发展，开创农村电商发展的新格局。

第四，推动三大产业相互融合，深化新契机。推进三大产业融合发展既是中央农村工作会议作出的重大决策部署，也是新常态下农业农村转型发展的根本选择。通过大力整合各类生产要素和优势资源，积极推进三大产业的融合发展，促进农村电子商务实现产业联动。三产融合以构建产业链和产业集群为重点，能够在一定程度上提升农村电商产业链的附加值，拓展产业范围，拓宽农民增收渠道，提高农村的全要素生产率，为农村电商的发展奠定物质基础，不断深化农村电商发展的新契机，推动农村电商发展新格局的形成。

近年来，在乡村振兴战略的指导下，农村电商在城乡融合、产业融合和乡村产业全面振兴等方面的作用日益凸显。为了不断深化乡村振兴战略为农村电商发展带来的新契机，各级各部门充分发挥区域产业特色，增强区域整体经济对农村电商的带动作用，通过产业融合、经济增速、现代服务业升级来带动区域农村电商全面发展。同时，在乡村振兴战略背景下，持续深化农村供给侧结构性改革，加快提升农村电商发展强势区域对邻近区域的辐射与溢出效应，发挥区位优势，将促进农村电商全面发展。

1.1.3　高速发展的互联网科技成为农村电商物流的重要媒介

我国作为一个农业大国，农产品需求一直处于增长阶段，加之城市化进程的不断推进，呈现出农产品供求两旺态势。然而国内很多地方出现农产品滞销现象，归根结底还是传统的产供销模式的弊端日益显现及农业科技落后所致。随着全球气候的变化，不可预测的极端天气增加，以及移民导致的劳动力减少也成为很大的问题，这也与农业科技不发达有关。

如今，各行各业都在积极响应"互联网 +"的政策，互联网正深刻改变着各个行业，尤其是像农业这样相对落后的传统行业，借助互联网之力使行业的跨越式发展和变革成为可能。近年来，互联网科技正在蓬勃兴起，实现了农业与互联网的融合，互联网科技与农业生产、加工、销售等产业链环节结合，加速了农业生产方式的转变，实现了农业发展的科技化、智能化、信息化，这是传统行业与新思维的碰撞，更是时代发展的潮流。

互联网科技是我国经济社会创新发展的重要驱动力量。在信息经济快速发展的时代背景下，要深入贯彻新发展理念，积极推动互联网与大数据、云计算、人工智能等新兴技术深度融合，并充分利用数字化和信息化手段创造性地开展各项工作，使互联网科技在建设现代化经济体系、推动经济社会发展、释放经济发展新动能等方面发挥越来越重要的作用。

在市场经济深入发展，信息不断发达的新经济时代，互联网科技逐步成为农村电商发展的重要媒介。为贯彻落实创新驱动发展战略，实现农村电商物流的高速发展，必须以互联网科技为基础，综合利用大数据、物联网和区块链等现代信息技术手段，促进互联网与农村电商物流的深度融合。在加快推进信息化建设的过程中，各部门要以互联网科技为重要媒介，积极打造面向广大农户和企业的农村电商服务平台，有效解决农产品流通成本过高、农作物运输时间过长及有价无市等突出问题，加快推动农业供给侧结构性改革，助推农村电子商务物流的发展，使农村电商物流成为新时代推动农村经济发展的强大动力，进而为乡村振兴战略下实现农村现代化建设奠定坚实的基础。

如今，随着我国互联网普及率的日益提高和现代网络技术的不断进步，互联网科技逐渐成为农村电商物流发展的新引擎，促进了电子商务与农村物流的有机融合，为经济社会发展注入新动力。

1.1.4 乡村振兴战略开辟了农村电商物流服务的新格局

随着乡村振兴战略的实施，不仅为农村电商的推进提供了极大的发展机遇，也为农村电商物流的发展提供了重要的动力支撑。为深入贯彻落实国家的战略部署决策，持续推进乡村振兴战略，农村各级部门需要大力发展消费新业态和新模式，促进农村线上线下消费融合发展，不断健全农村流通网络体系，增强农村电子商务物流配送能力，完善农村电商物流服务机制，不断提升物流服务质量，助推农村电子商务实现持续发展。与此同时，农村电商物流在乡村振兴战略的指导下，在农村电商体系中发挥着至关重要的作用，在一定程度上促进了农村经济的快速发展。

农村电商物流服务体系不断完善，为农村经济发展指明了新的发展路径。然而，零散的生产规模、落后的物流体系、保守的思想观念以及匮乏的网络技术人才等问题，使得在城市发展得"如鱼得水"的电子商务在农村似乎有些"水土不服"。因此，乡村振兴战略在宏观政策层面的提高不断强化，为农村电商提供了全新的发展机遇。如何在乡村振兴战略中寻求农村电商物流服务质量提升成为亟须解决的现实问题：一是农村电商人才培养机制。农村电商的发展与人才战略支撑密切相关，只有充足的人才保障才能推动农村电商快速发展，而农村电商平台又为人才培养提供了广阔的实践平台。为加快农村电商物流的发展速度，需要大力发挥政府在农村电商人才培养过程中的关键作用。各级政府要加大政策力度，通过制定各类优惠政策引导社会专业技术人才积极参与到农村电商的发展建设中，并鼓励专业人才利用专业知识为提升农村电商物流服务质量建言献策。同时，通过优化工作环境、创新培养模式等方式进一步提高电商工作人员的专业能力，为农村电商物流发展提供智力支持。二是加强农村信息网络平台建设。在农村电商物流服务体系的建设过程中，信息技术发挥着至关重要的作用。为提升农村电商物流服务质量，要不断加强农村信息建设，构建农村电商信息服务网络平台，持续完善信息化体系，健全信息披露制度。通过农村信息网络平台及时并准确地传达电商物流信息，实现农业生产与农产品销售的信息化，推进农村电商物流信息化建设，发展智慧物流，提高农村电商物流效率，为提升农村电商物流服务质量奠定基础。三是健全现代农村电商物流体系。农产品流通需要借助健全的物流配送网络和完善的物流配送服务，为提高物流流通效率，要不断完善农村电商物流配送合理分配机制，健全农村电商物流体系，加强农村电商物流标准化、品牌化和规模化改造，优化农村物流服务质量，有效降低物流成本，提高物流配送效益，切实解决农村物流配送问题，助力提高农村电商物流服务质量。通过完善农村电商物流体系，提升物流信息化水平，为有效解决电商物流中的信息不对称问题提供智力支持，促进农村电商与物流协同发展。

1.2 研究意义

党的十九大报告明确提出，要贯彻新发展理念，建设现代化经济体系，实施乡村振兴战略。乡村振兴战略为农村电商物流发展及其服务质量的提升提供了极大的发展机遇，推动了农村电商和农产品物流的协同发展。因此，在乡村振兴战略下研究农村电商物流的服务质量具有非常重要的理论意义与现实意义。

1.2.1 理论意义

第一，从理论研究上看，我国对于农村电商、农村电商物流及其服务质量的理论研究处于初步阶段，对农村电商物流服务质量的具体内涵、维度、指标、评价方法及模型等理论的相关研究较少。本书基于乡村振兴战略进一步深入研究农村电商物流服务质量的优化路径，一定程度上丰富了学术界在该领域的研究成果，拓宽了对农村电商物流及其服务质量的研究范围，同时也为农村电商物流的进一步发展提供理论依据。

第二，本书在总结国内外相关文献的基础上，根据我国农村电商物流的发展现状，通过对农村电商物流服务竞合关系进行博弈分析与实证研究，进一步构建农村电商物流服务质量评价指标体系，对现有理论研究进行了补充与完善，为我国优化农村电商物流服务质量提供理论依据。

1.2.2 现实意义

研究农村地区的电商物流服务质量对国家、相关企业以及农民有重要的现实意义。

第一，为国家提升农村电商物流服务质量献计献策。国家对乡村振兴战略的重视程度，体现了国家对"三农"发展的高度重视。深入贯彻落实乡村振兴战略为解决"三农"问题、全面建成小康社会提供了重要保证。本书基于乡村振兴战略背景对农村电商物流服务质量进行深入研究，并提出优化农村电商物流服务质量的具体措施，为国家提升农村电商物流服务质量提供智力支持。

第二，有助于提高相关企业的竞争力及农民的生活水平。本书以我国农村电商物流服务质量为切入点，基于农村电商物流的特点及其发展现状，构建农村电商物流服务质量指标体系，并进一步运用定性和定量的方法对农村电商物流服务进行评价，为电商企业和物流企业提升服务质量提供实践指导，不断完善相关企业的电商物流服务体系，进而提高其服务水平，提升市场竞争力，促进相关电商物流企业的稳定发展。此外，有利于电商及物流企业进一步了解农村电商消费者的服务需求和服务期望，满足农民对农村电商物流的基本消费需求，使农村电商物流真正服务于农民，提高农民的消费水平与生活质量。

1.3 国内外研究综述

1.3.1 国外研究综述

1.3.1.1 有关乡村振兴战略的研究

国外对乡村振兴理论的研究较早。沃德（Ward，1997）最早把乡村振兴与环境问题结合起来进行研究，并通过实证研究得出农村生态环境恶化在一定程度上阻碍了乡村振兴的发展进程的结论。因此，实现乡村振兴必须从根源上解决生态环境问题。在此基础上，众多国外学者从概念、特征、作用、制度改革、经济文化以及发展路径等方面对乡村振兴进行深层次的研究，产生了较多的研究成果，为各级政府进行乡村振兴提供了智力支持，对推动农村地区进一步发展具有重要的现实意义。国外学者对乡村振兴的代表性研究成果见表 1-1。

表 1-1　国外学者对乡村振兴的代表性研究成果

时间	提出者	主要内容
2000 年	Whitman	乡村振兴是由居民单一发展向区域统筹发展的转变过程，农村通过整合发展规划，制定相关政策，形成统一发展的整体，为实现乡村振兴奠定基础
2003 年	Drabenstott，Novack，Abraham	通过对发达国家乡村振兴的投融资渠道的研究得出，乡村振兴的主要路径是加大对农村地区的财政支持力度，如增加农业生产补贴和中小企业发展补助、设立农村振兴发展基金等
2004 年	Gartner	通过对美国乡村发展研究，提出通过法律途径保障乡村振兴发展，同时设立农村振兴发展委员会等专门机构为乡村振兴发展创造良好的宏观环境

续表

时间	提出者	主要内容
2006 年	科尔曼	从乡村振兴与政治事务关系的角度进行研究，提出着力解决政治事务是实现乡村振兴的关键
2006 年	梅多斯	提出实现农村振兴应建立完善的管理体系与制度，加强财政制度建设，充分发挥农民的主动性和创造性，并通过典型辐射作用带动周边区域实现共同发展，为实现乡村振兴奠定基础
2007 年	Opare	乡村振兴应采取地方驱动的方式对农村地区进行规划和管理，这种组织方式应由农村社区驱动和社区各社会部门的合作来实现
2009 年	Scoones	通过行为事件访谈法得出建立有效机制农村社区参与决策是实现乡村振兴的重要途径
2010 年	阿伦特	乡村振兴要着重考虑零碳排放和提高能源利用效率，把科学技术融入乡村建设中，进而解决农村可持续发展问题
2010 年	Schulz	认为人力资本投资是促进乡村振兴的关键因素，向传统农业投入新的生产要素有利于实现传统农业向现代农业的转变，从而带动乡村经济增长
2012 年	奥斯特罗姆	提出影响乡村振兴的主要因素有生态环境治理问题、制度的完善程度、团队协作能力、政府与民众的配合程度等
2013 年	Winter	认为林业在乡村振兴发展中具有重要作用，发展林业有助于增加农村当地消费产品的供应和居民的收入，提高农业生产率，促进乡村振兴
2016 年	Shen，Liu	乡村振兴可通过提升农业农村政策质量、提高农民生产生活服务水平、保障农民基本权益及加大政府财政支持力度等实现
2017 年	Chaparro-Pelaez，Gudo-Pergrina，Pascual-Miguel	新兴技术能够推动广大农村地区的科技进步，激发农村经济的活力，增加广大农民的收入，促进农村经济结构全方位调整，实现乡村振兴发展
2018 年	Cardoso，Luis	加强乡村振兴的政策创新，坚持农业农村优先发展，国家加大对农村发展的重视程度，为其发展提供法律保护，不断建立健全和完善科学的相关法律法规体系，进而实现农村振兴奠定基础
2019 年	Dolfen，Einav，Klenow，et al.	乡村振兴应该依靠国家的相关政策措施，聚焦农业，以农村建设为改革重点，以农民减负增收为核心目标，推动农村经济发展
2020 年	Alotaibi，Grant，Williams	有效应对农村发展振兴的相关问题关系到国民素质的提高、社会的和谐稳定和民族的振兴

时间	提出者	主要内容
2020 年	Yuan	乡村振兴必须运用现代科学技术加快推进农业现代化，推动三大产业在农村地区融合发展

1.3.1.2　有关农村电商的研究

自互联网技术得到飞速发展和普及以来，关于电商产业方面的研究日益增多，国外农村地区的电子商务商业模式相较于国内发展的时间较早，发展也更趋成熟。

20 世纪 60 年代，国外就已经开始发展农业信息化，各国提供了良好的农业信息化环境。因此，国外农村电子商务的成长也非常快。例如，日本以个体农户作为基本单元，建立以政府为主体的农业技术信息服务全国联机网络（滕玉英，2007）。美国政府根据本国大农场的产业发展特点，出台了一系列配套政策以激励农场主积极主动参与电商发展。同时，加大对农村电子商务建设的全方位支持力度；并通过直接补贴农村，进一步帮助加快当地电商的推进（李灯华等，2015）。法国也建立了完整的、分层级的组织体系来负责运营农村电商网络平台，各个电商主体依靠所掌握的农业信息数据进行决策（崔国胜 等，2004）。研究表明，农村电商在农村经济的发展进程中起着决定性的作用。代表性学者蒂默斯（Timmers，1998）提出农村电商是关于企业产品流、服务流、资金流、信息流及其价值创造过程的一种运作机制，其本质是通过互联网进行商业化交易，以满足相关企业与消费者的需求。这一概念提出之后，众多学者对农村电商有了更深入的理解，并在此基础上运用实地调查、问卷调查及行为事件访谈等方法对农村电商的内涵（Fruhling et al.，2000；Mueller，2001；Moss et al.，2005；Osvald et al.，2008；Oliveira，2017）、运行特征（Akridge，2001；Tim，2003；Kumar et al.，2006；Wischmier，2008；Rutherford et al.，2016）、发展模式（Elsevier，2011；Blake，2015；Akter et al.，2016）、积极作　用（Elia et al.，2007；Ntaliani et al.，2010；Carpio et al.，2013；Leung et

al.，2018；Wantz et al.，2018）及建议措施（Shankar et al.，2017；Lim et al.，2018；Martinez，2019）等方面进行了深入的研究。国外代表性学者的观点见表 1-2。

表 1-2　国外代表性学者对农村电商的研究成果

时间	提出者	主要内容
2000 年	Fruhling，Digman	农村电商是指利用互联网市场销售农产品或提供相对应的服务，农村电子商务主要包括网络平台、电商服务以及物流渠道三个方面
2001 年	Poole	农村电商是以农产品电商为载体，开展农产品电商活动的目的是提高市场效率
2001 年	Weill，Rvitale	从技术形态上看，电子商务是一种多技术的集合体，包括电子数据交换、电子邮件、共享数据库以及自动捕获数据等
2003 年	Tim	农村电商既是对传统电商的延续，也是对其运行模式的创新，不仅是普通电商活动的电子化，也是对电子商务活动方式和流程的创新
2005 年	Moss	农村电子商务指实现整个贸易过程中各阶段贸易活动的电子化
2006 年	Kumar，Petersen	农村电子商务具有普遍性和极强的渗透性，电子化贸易是农村电商的重要特征
2008 年	Osvald，Stirn	农村电商是交易各方以电子交易方式而不是通过当面交换或直接面谈方式进行的任何形式的商业交易活动
2011 年	Elsevier	农村电商模型包括物联网电子商务模型，该模型利用基于区块链和智能合约的 P2P 交易实现交易，有利于降低农村电商运作成本
2013 年	Chang，Cheung	发展农产品电子商务实质是用现代信息技术服务于农村发展，在此基础上不断加快农村电商发展速度
2015 年	Michalowska	电商发展的基础在于为客户创造价值和建立顾客忠诚度，物流供应链的建立是农村电商运营的重要组成部分
2016 年	Rutherford，Dagher	农村电商平台具有公开、公平、透明的特征，有利于引导广大农户科学安排生产，以销定产，避免造成生产的盲目性
2017 年	Weill，Rvitale	农村电商模式是关于农村电商企业的消费者、客户、协作者和供应商之间各自的角色地位和相互关系的描述
2018 年	Hallikainen，Laukkanen	传统农产品交易以批发市场和集市贸易为主，而农村电商平台的建立突破了时间和空间的限制，实现了交易主体的多元化

时间	提出者	主要内容
2018 年	Anuradha, Pothumani	通过农村电商平台，生产商可了解到真实的需求信息，并有针对性地安排生产，从而确保农产品的供求平衡，避免农产品市场价格波动，降低农民的市场风险
2018 年	Zhou, Ding	农村电商改变了农村的生活和生产经营方式，促进了新型城镇化的发展进程
2019 年	Einav, Levin, Popov	农村电商把农民、供应商以及批发商零售终端、客户联结起来，实现对农产品物流各个环节的实时跟踪、控制和管理，达到资源共享、信息共用
2020 年	Chaffey, emopilia	农村电商有利于促进农业增产和农村全面进步，推动新农村建设，但目前农产品流通不畅是阻碍农村电商发展的重要因素
2020 年	Tam, Loureiro, Oliveira, et al.	农村电商在一定程度上影响了传统农业和农村企业的地位，实现优胜劣汰，成为实现农村"产业兴旺"与农村经济发展的新引擎

1.3.1.3 有关农村电商物流的研究

在对农村电商研究的基础上，学者们进一步对农村电商物流进行深入研究。希特里（Kshetri）指出发展中国家参与电子商务活动的农村人数明显增加，印度尼西亚 BliBli.com 购物网站的 250 万客户，超过 1/3 来自农村地区。学者们通过整理德国 WIK 和 ITA 咨询公司发布的《邮政技术及变革对消费者影响研究报告》中与农村电商物流相关的内容，指出外国物流公司对偏远地区不提供或者缩减物流服务，通过采用收取额外的处理费用或使用共享投递基础设施的方式来减少运营成本。美国农村居民网购越来越频繁，但也必须承担高昂的投递成本，物流密度越低，物流公司的利润越低。李效良（Lee，2001）提出农村电商物流的核心是现代信息技术，电商物流以信息技术为媒介实现网上商品交易的末端配送。随后，众多学者对农村电商物流的基本模式（Vlosky，2002）、影响因素（Gourdin，2001；Leong et al.，2016）、制约因素（Stevens，2004；March et al.，2009；Ahumada et al.，2010；Yu et al.，2016；Yadav et al.，2017；）、对策建议（Falsini et al.，2012；Yan et al.，

2016；Schniederjans，2018）等展开了深入研究，并在该领域形成了较为丰硕的研究成果，具体见表 1-3。

表 1-3　国外代表性学者对农村电商物流的研究成果

时间	提出者	主要内容
2001 年	Allan, Christopher	农村电商物流可概括为一个系统，此系统包括价值、规模、收入来源、关联活动、整合运作、持久能力等部分以及各部分间的连接环节等
2007 年	Abad, Aggarwalb	农村电商物流是以互联网和信息技术为手段，通过信息传送，降低运送成本，保证物流活动的准确性、及时性和高效性
2009 年	Jang, Klein	从供应链的角度出发构建农村电商物流模型，并通过实证分析法得出完善的供应链管理是推动农村电商物流发展的主要因素
2015 年	Zurek, Jadwiga	有效的物流管理供应链有利于不断调整并适应电商市场的需求，简化物流环节，提高物流效率，促进农村电商物流发展进程
2016 年	Wang, Wang	农村电商物流要求网上交易的农产品品质分级标准化、包装规格化以及产品编码化，从而有利于提升物流服务效率和服务质量
2016 年	Awiagah, ang, Lim	为了补齐农村电商物流发展的短板，提出加强农村物流基础设施建设、完善农村电商物流体系、消除交易主体信息不对称、创新农村电子商务物流平台、加快农村物流人才培养等措施
2017 年	Rahayu, Day	发挥政府部门的组织和引导作用，联合行业协会、研究机构和物流企业，加大对农产品物流服务的技术标准、计量标准、成本计算标准的研究，推动农村电商物流服务提升
2017 年	Choshin, Ghaffari	农村电商物流先进的管理理念和信息技术能够促进农产品物流的高效、协调、有序流动，进而促进农村电商物流的发展
2017 年	Fung, Hood	信息技术将原本分离的商流、物流、信息流和生产、采购、运输、仓储、代理、配送等环节紧密联系起来，形成了一条完整的供应链，促进了农村电商物流的发展
2018 年	Chao, Mingke, Ye, Yao	物流服务商在农村地区的物流市场渗透程度不同，建立有效的电子商务物流体系能够在一定程度上缩小这种差距，要加大对农村物流的投入力度，促进农村电商物流的发展进程
2018 年	Li, Ku	有效信息可降低农产品在储运、加工和销售等环节中的成本，提高农业生产的整体效益，促进农村电商物流的发展
2019 年	Gregory, Ngo	农产品供应链是农村电商物流的关键环节，供应链各环节都能共享对流动农产品的监控，也可实现农产品生产和流通的标准化

时间	提出者	主要内容
2020 年	Ren，Ch-oi，Lee，et al.	农产品物流信息平台的供应链管理是以信息技术为依托，在供应链各节点间建立一种战略伙伴关系，实现原材料在整个供应链上畅通无阻的流通，最终实现双赢

1.3.1.4　有关农村电商物流服务质量的研究

1）对物流服务质量的研究

国外学者佩罗和鲁斯（Perreault et al.，1974）最早对物流服务质量展开相关研究，并提出了以时间、地点效用为基础的 7Rs 理论，该理论的核心是企业需在恰当的时间内、最优的运输状态下，以适当的商品价格和准确的物流信息将货物送达正确的地点，该理论提出产品价值与物流服务密切相关，物流服务质量以产品管理为基础，物流服务在一定程度上创造产品价值，物流服务质量越高则产品价值越大。随后，其他学者从不同的角度对物流服务质量进行了深入研究和探讨。学者（Lalonde et al.,1976）从企业和顾客的角度对物流服务质量进行了界定，认为物流服务是以满足顾客需求为目的，以保证顾客满意为评价标准，同时兼顾企业信誉和文化的一种活动。梅尔策等（Meltzer et al.，1989）认为物流服务应包括顾客营销服务和实体配送服务两个部分，其实质就是为了更好地提高顾客对物流服务质量的满意度。同时，传统的物流配送服务特指对有形商品的配送，而现在更多地针对顾客不能实际感知的无形商品的配送。该观点得到了国内外众多学者的广泛赞同，并认为这是将产品营销和物流服务相结合的一个基础。本杰明等（Benjamin et al.，1995）提出要不断加强物流配送基础设施建设，形成全方位、多层次的物流配送体系，高效率地完成配送任务，提高物流服务质量。这一观念的提出进一步深化了物流服务质量的基本含义，为其他学者在此基础上展开进一步研究奠定了理论基础。

2）对农村电商物流服务质量的研究

近年来，随着农村经济的快速增长，农村电商物流服务质量的提升已成为各级政府的工作重点，也逐渐成为该领域学者的研究重心。国外学者把物流服务与农村电子商务结合起来，对农村电商物流服务质量的内涵进行了深入研究，具体见表1-4。

表1-4 国外学者对农村电商物流服务质量的具体描述

时间	学者	主要内容
2001年	Gourdin	农村地区需要通过不断提升电商物流服务能力来优化电商物流服务质量，否则会抑制农村电子商务的发展进程
2002年	Valid	农村对互联网的使用率较低，农村居民从事信息化建设的积极性不高、意识不强，从而造成农村电商物流信息化服务发展水平较为落后
2003年	Meltzer, Flint, Ken	通过进行访谈和实地调查，提出农村电商物流服务质量与传统有形商品物流服务质量具有一致性，将影响农村电商物流配送的因素和影响客户服务质量的因素整合在一起即影响农村电商物流服务质量的因素
2004年	Henderson, Dooley, Akridge	农村电商物流服务通过建立新的客户关系不断提高电商物流企业进入新市场的能力，在短期内以信息共享技术来改善物流和库存管理有利于提高电商物流服务质量
2005年	Arbabian, Tabesh	影响农村电商物流服务质量提升的主要因素有基础设施不完善、资金不足、社会经济和政府的信息以及通信技术战略支持力度小等
2009年	Gregory	农村电商物流的最终目的是降低物流成本，提高物流效率，使生产要素得到最大效率的使用
2010年	Ruiz-Garcia, Steinberger, Rothmund	通过行为事件访谈法，得出基于互联网的管理信息系统和日益完善的农产品供应链更有利于促进农村电商物流服务质量的提升
2011年	Jalali, Okhovoat, Okhoooat	通过对伊朗农村电商物流情况的研究，提出农村电商物流服务是农村信息和通信技术中心的信息技术应用服务的一部分，主要提供通信、信息技术、邮政和电子银行等服务
2013年	Perçin, Min	提高农村电商物流服务质量的建议包括提供广泛而密集的分销网络的能力、广泛的地理分布和服务范围、较高的生产能力及有力的政府政策
2015年	Zeng	通过采用网络技术、信息技术和通信技术等先进技术，加强信息服务平台和农村物流通信网络建设，以促进农村电商物流服务质量的提升

时间	学者	主要内容
2017 年	Zhang	农村电商物流服务质量提升的主要途径包括建立供应物流一体化的农村电商服务体系、确保商品和服务的质量、完善电商物流业务培训体系等
2018 年	Vakulenko Hellstrom	提高农村电商物流服务质量要建立一个工业品下乡和农产品进城的双向渠道和流通体系，让广大农村居民实现真正的生活方式和生产方式的升级，促进地方经济的复苏，提高农村地区的经济发展水平
2019 年	Boysen，De Koster，Weidinger	物流企业通过对商品和信息进行有效整合，并按照各个部门提供的订单要求进行高效的货物配送，提高物流服务效率
2020 年	Jo，Matsumura	统一政府各个监管部门对农村电商物流服务的标准和要求，建立科学的农产品物流管理体制，提高流通效率，进而提升农村电商物流服务质量

1.3.2　国内研究进展

1.3.2.1　对乡村振兴战略的研究

党的十九大报告中明确提出了乡村振兴战略，并对其内涵进行了具体论述，即“坚持农业农村优先发展”，不断提高村民在产业发展中的参与度和受益面，彻底解决农村产业和农民就业问题，确保当地群众长期稳定增收、安居乐业，“按照产业兴旺、生态宜居、乡风文明、治理有效、生活富裕的总要求，建立健全城乡融合发展的体制机制和政策体系，加快推进农业农村现代化”。实施乡村振兴战略是解决新时代我国社会主要矛盾、决胜全面建成小康社会和实现中华民族伟大复兴中国梦的必然要求，进一步研究乡村振兴战略的深刻内涵，具有重大的现实意义和深远的历史意义。

国内学者关于乡村振兴战略的研究主要围绕乡村振兴战略提出的背景和意义、乡村振兴的目标、乡村振兴面临的主要难题、乡村振兴的主要途径几个方面来展开。

1）关于乡村振兴战略提出的背景和意义

以陈锡文（2018）为代表的学者认为，乡村振兴战略是基于城乡二元结构的背景，就农村所面临的"农村空心化、农业边缘化、农民老龄化"等问题而提出来的。李昌平（2017）、叶兴庆（2018）、温铁军（2018）等学者认为，要消除鸿沟明显的城乡二元结构，就不能让乡村"衰落"，如此才能实现国家治理现代化的重大目标。乡村振兴对于中国走出发达国家陷阱，建设社会主义现代化强国，实现中华民族伟大复兴的中国梦具有十分重大的现实意义和深远的历史意义。

第一，实施乡村振兴战略是建设现代化经济体系的重要基础。农业是国民经济的基础，农村经济是现代化经济体系的重要组成部分。产业兴旺是乡村振兴的重点，实施乡村振兴战略，深化农业供给侧结构性改革，构建现代农业产业体系、生产体系、经营体系，实现农村三大产业深度融合发展，有利于推动农业从增产导向转向提质导向，增强我国农业创新力和竞争力，为建设现代化经济体系奠定坚实基础。

第二，实施乡村振兴战略是健全现代社会治理格局的固本之策。治理有效是乡村振兴的基础，实施乡村振兴战略有利于加强农村基层基础工作，健全乡村治理体系，确保广大农民安居乐业、农村社会安定有序，进而形成共建、共治、共享的现代社会治理格局，推进国家治理体系和治理能力现代化。

第三，实施乡村振兴战略是实现全体人民共同富裕的必然选择。实施乡村振兴战略，不断拓宽农民增收渠道，全面改善农村生产生活条件，促进社会公平正义，有利于增进农民福祉，让亿万农民走上共同富裕的道路，汇聚起建设社会主义现代化强国的强大力量，为农村进一步发展奠定基础。

2）关于乡村振兴的目标

有些学者认为乡村振兴的目标是打破长期以来的城乡二元分割壁垒，促使城乡协调发展，缩小城乡之间的基本差别，最终实现以城乡融合促进乡村振兴的目标（贺雪峰，2018）；另一些学者认为，乡村振兴是为了彻底改变千百年来农村贫困落后的面貌,实现农业全面升级、农村全面进步、农民全面发展(于浩,2019)。

3)关于乡村振兴面临的主要难题

李祖杰(2018)提出乡村振兴面临乡村基层党建后备力量不足、农业农村现代化水平低、城乡发展差距巨大等难题。朱启臻(2018)认为,农村治理仍存在治理结构不科学、村民参与度低、公共服务供给失衡等问题。刘彦随(2018)提出,当前的乡村正面临农业生产要素高速非农化、农村社会主体过快老弱化、乡村建设用地日益空废化、农村水土环境严重污损化和乡村贫困区深度贫困化等难题。

4)关于乡村振兴的实现路径

学界以刘守英(2017)、朱启臻(2018)、陆梦龙(2018)等为代表的学者普遍主张乡村规划应该与城镇化同时推进,主张进行城乡产业结合发展,新时代乡村振兴必须由单向城市化转向城乡互动发展,应以新型城市化战略来引领。盘活农村人口,振兴乡村的各种组织,让乡村充满活力。进而重塑农民的文化价值观、促进乡村文化发展、培育农民成为乡村文化建设者。

1.3.2.2 对农村电商的研究

随着信息技术的迅速发展,电子商务在国民经济和社会信息化中的作用也日渐突出,并且在农村建设过程中发挥着不可或缺的作用。特别是近些年,随着国内"互联网+农业"的热潮被广泛掀起,国内相关专家学者将关注焦点对准了农村电子商务,从多个角度对其进行了研究和分析,主要涉及农村电商基础性概念的界定、发展模式的探索、影响因素的分析、发展水平的测度等方面,特别是国家启动了"电子商务进农村"示范项目后,农村电子商务示范县的相关研究成为新热点。

1）对农村电商内涵的研究

电子商务在农村经济社会发展过程中起着决定性的作用，虽然国内对农村电商的研究起步较晚，但大多数国内学者已经认识到农村电商的发展能够在一定程度上提高农产品市场竞争力。随着相关研究的不断深入，众多学者对农村电商有了更加明确的理解，并提出了农村电子商务的内涵，具体见表1-5。

表1-5 国内学者对农村电商内涵的具体描述

时间	提出者	主要内容
2008年	于聚然	农村电商作为现代信息技术的新生事物，以其独特的信息化优势，可以短时间内提升农村产业的知名度，带动农村生产力增长
2013年	李玲芳，徐思远	农村电商是带动农村经济发展的有效途径，能有效连接农村与市场，加快农产品上行的步伐，为实现产业兴旺的乡村振兴目标奠定基础
2016年	杨平	农村电商是指依托农业网络平台，将农产品生产、销售等供应链上各环节紧密连接起来，形成一个环环相扣的农村电商生态系统。其中相关因素包括农民、政府、消费者以及农业企业等，还有相关的辅助机构如物流配送中心、金融机构和监管机构等
2018年	杜洪燕，陈俊红，等	农村电商的发展的必要条件包括规范农村市场秩序，优化农村电商环境，强化基层市场监管部门作用，进一步加强规范农村市场秩序
2018年	储玉环，余呈先	农村电商指以互联网为载体，以农副产品经营为主体，开展与农业有关的管理、销售、存储、配送及加工等一系列电子化交易和管理活动
2019年	陈恩	农村电商指利用互联网、计算机、多媒体等现代信息技术，为从事涉及农业领域的生产经营主体提供在网上完成产品或服务的销售、购买和电子支付等交易过程。农村电商是一个系统工程，包括政府、企业、商家、消费者、农民以及配送中心、物流中心、金融机构、监管机构等
2020年	吴丽芳	农产品电子商务是在信息网络技术基础上，依托农产品生产基地与物流配送系统，在网上完成农产品或服务的购买、销售和电子支付等业务的商务活动，是现代农业发展的新方向

2）对农村电商发展模式的研究

农村电商的发展模式，需要基于我国的发展现状和环境。国内学者一直在此领域不断探索总结，主要涉及发展模式的理论阐述和成功案例的经验总结等方面。因学者们在该领域的研究视角不同，对农村电商发展模式的认知而有所差异。具体研究结果见表 1-6。

表 1-6　国内学者对农村电商发展模式的具体描述

时间	提出者	主要内容
2001 年	彭璧玉	提出了我国农村电子商务模式主要包括 M2M 模式、中介模式、战略联盟模式和会员模式
2005 年	胡天石	农村电子商务模式可分为目录模式、信息中介模式、虚拟社区模式、网上商店模式、电子采购模式、价值链整合模式和第三方交易市场模式
2005 年	林华	农村电商的发展模式主要有农产品销售的综合性网上超市和专门的农产品网上商店
2005 年	蒋侃	农产品电子商务的发展大体上分成四种模式，分别是信息模式、网络交易模式、网络合作模式、虚拟企业联盟模式
2008 年	杨静，刘培刚，王志成	将农村电子商务分为 P2C2B、B2B 和 P2G2B 三种模式，其中，P 为个体农户，C 为农业协会或合作社，B 为涉农企业或大型超市，G 为政府
2011 年	叶秀敏	按照交易主体分类，将农村电商模式分为 A2A 模式（代理人与代理人）、A2C 模式（代理人与消费者）和 C2C 模式（个人卖家与个人买家）
2013 年	韩剑鸣	提出 P2G2B（农户、政府、农产品需求部门）和 B2B2C（农业生产企业、农产品需求企业、个人需求者）两种农村电子商务发展模式
2017 年	王超，龙飞扬	发现江苏省宿迁市形成的"一村一品一店"模式适合当地发展情况，有效地推动了县域经济的发展
2018 年	李坚强	农村电商的基本模式主要有："综合服务商＋网商＋传统产业""区域电商服务中心＋青年网商""生产方＋电商公司""农产品供应商＋联盟＋采购企业""专业市场＋电子商务"等
2019 年	孙伟，李鸣涛	各地依托自身产业基础和资源禀赋，不断探索适合自身的电商发展模式，如农村土特产电商、生鲜电商、农资电商、社交电商等

1.3.2.3　对农村电商物流的研究

农村电商物流随着农村电子商务的不断发展受到越来越多学者的关注。我国农村电商物流起步较晚，大部分文献停留在发展现状、现存问题以及配送模式等宏观研究阶段。近年来，众多学者开始针对农村电商物流展开深入研究，其研究方向主要集中于以下几方面。

1) 有关农村电商物流内涵的研究

农村电商物流是与"三农"相关联的电商物流，是指在电商活动中将商品由卖家转移到买家的过程，且卖家或买家至少有一端位于农村地区，包括消费品下乡和农资品进城的双向物流。近年来，国内学者对农村电商物流内涵的相关研究较多，取得了较为丰硕的研究成果，具体见表1-7。

表1-7　国内学者对农村电商物流内涵的具体描述

时间	提出者	主要内容
2005年	周欢，黄立平，詹锦川，等	农村电商物流是指为了满足用户需求、实现农产品价值而进行的农产品物质实体及相关信息从生产者到消费者之间的物理性经济活动，包括农产品生产、收购、运输、储存、装卸、搬运、包装、配送、流通加工、分销、信息活动等一系列环节，并在这一过程中实现了农产品价值增值
2007年	李志刚	农村电商物流是以乡镇为主体、以村组为网点、以信息平台为支撑，是连接货源、采购、运输、仓储、加工、配送为一体的农村现代物流网络，初步形成了"资源整合、体系健全、功能完善、服务规范"的物流模式
2008年	徐同胜，艾琦	农村电商物流是指将农村电子商务与物流有机地结合起来，以实现农村物流服务的电子化、信息化，实现各物流企业间以及资金流、物流、信息流之间的连紧密接
2010年	王公强	农村电商物流是以电子技术为手段进行的商务活动，改变了物流的运作模式，降低了社会总交易成本，促进了农村物流业设施的完善与专业物流人才素质的提升
2016年	刘金璐	农村电商物流由运输、仓储、包装、装卸搬运、加工、配送、信息管理等一系列的活动构成。物流公司与电商平台需要对体系中各个环节的设备、人员等加以控制，保证各个环节的顺利进行，才能保证整个物流体系高效率地运转
2017年	邹思逸	农村电商物流是连接生产、销售、消费的基本工具，完善农村物流网络体系及农村物流配套服务有利于农村电商物流的发展
2019年	李蓉，杜海玲	农村电商物流是一种数字化、智能化、电子化的管理手段，是集中于农产品的物流模式，为农产品的销售和流通提供了网络平台

2）有关农村电商物流运作模式的研究

鉴于我国农村区域分布特点，发展农村电商物流，如何将商品快速地送到农民手中成为电商企业和物流企业亟待解决的问题。在对农村电商物流有了一定研究成果的基础上，国内学者通过案例分析与问卷调查等方法，对农村电商物流的运作模式进行了深层次的研究，具体见表1-8。

表1-8 国内学者对农村电商物流运作模式的具体描述

时间	提出者	主要内容
2005 年	喻晓燕，黄立平	目前我国农产品物流运作模式主要是农产品从生产者经产地批发市场到销地批发市场或由生产者直接到销地批发市场，再经由农贸市场到消费者手中
2006 年	宋李敏	提出以委托代办点为桥梁，乡镇邮政所为基层单位，县市物流中心为基本物流组织机构的邮政物流农村运作模式
2008 年	郑颖杰，刘燕妮	从组织模式构建的角度研究了基于电子商务的农产品物流，并提出电子商务平台下的第三方物流模式，充分结合电子商务的平台优势和第三方物流的专业性
2010 年	吴晓萍	农村电商物流的运作模式为绿色产业链模式，该模式通过及时发布生产、农资等信息，开展农业技术指导，推行订单农业、发布农产品供需信息，支持专业农产品市场与村信息点的网络对接，减少中间流通环节，使农村内部运作最优化和与外边供应商、客户互动最优化
2012 年	石磊	认为农村电商物流包括三种服务模式，分别为电信运营商主导的服务模式、龙头企业主导的服务模式和政府主导的服务模式
2014 年	罗旭钦，童小虎	农村电商物流模式包括自建物流、第三方物流、物流一体化。从实现物流活动主体的角度考虑物流配送的实现，主要有三种模式：即以制造商为主体的配送模式，以分销商、零售商为主体的配送模式，以运输服务商为主体的配送模式
2016 年	马金海，石瑞丽，颜颖	农村电商物流综合服务模式有：创新互联网＋供销社、互联网＋农业产业链，构建农产品电商交易平台，打造网上供销社，实现农产品进城、消费品下乡的双向流通
2016 年	黄振雷	农村电商物流运作模式有设立超市自提点、设立物流综合服务中心、与中国邮政进行合作配送、京东或淘宝农村物流配送、随客运班车配送等
2017 年	侯朝卿	农村电商物流运作模式有：基于B2B模式的农产品电商物流模式、基于B2C模式下的农产品电商物流模式、以政府为主导农产品电商物流创新模式、以物流中心为主导，围绕物流中心的农产品电商物流创新模式

时间	提出者	主要内容
2018年	谭新明、童光展	农村电商物流运作模式有内黄模式、农业合作社模式、农商联合体模式和供应链物流模式
2019年	华耀军	农村电商物流的运作模式包括：搭建基于政府主导的拉式农产品电商平台，利用大数据技术实现精准生产；通过信息平台实现农户与消费者的信息互通，减少农产品在农户处的储存时间及储存成本

3）对农村电商物流服务的研究

近年来，随着国家政策对农村电子商务发展的大力支持及消费者对农村电商物流多元化服务需求的日益迫切，农村电商物流服务逐渐引起学术界的广泛重视，具体的研究涉及以下几方面。

（1）农村电商物流服务存在的问题。基于我国农村经济发展的现实情况及面临的形势，国内学者对农村电商物流服务存在的问题进行了研究。陈晓琴、王钊（2017）认为，农村地区自有资源不足、生产力水平低是影响农村电商物流服务水平的重要因素。温辉（2017）通过对农村电商物流服务现状的深入分析，认为农民电商知识不全面、农村物流体系不完善是造成农村电商物流服务质量不高的主要原因。张洁（2017）阐述了我国农村电商物流发展面临的优势、劣势、威胁和机遇，并指出农村快递网点覆盖率低、城乡物流资源不均衡等问题。于小燕（2018）分析了新形势下我国农村电商物流存在的主要瓶颈，主要有农民参与电商意识不强、基础设施不完善、物流成本过高、网络信息化程度建设不发达以及农产品储藏保鲜技术落后等问题。

（2）农村电商物流服务末端配送的研究。目前，农村电商物流服务更多地将问题聚焦于其末端配送方面，并在物流中心布局、车辆路径安排等方面进行相关研究。代表性学者马自欣（2017）和许军林（2018）分析了农村电商物流"最后一公里"问题中普遍存在的配送成本较高、"双向"物流不对等问题。基于以上问题，姚克勤（2018）分析了目前国内存在的三种共同配送模式，包括电商与中国邮政的合作模式、淘宝村末端共同配送模式和京东末端配送模式，但并未对这些模式所面临的实际问题进行深入调研和介绍。吴永鑫（2017）阐述了物流无人机在农村电商物流配送中的可行性。陈婉婷（2017）运用间接配送的模式，设置了自助提货点和自动提货仪器，构建了以无向图为基础的大数据模型，并采用动态分析方法规划出最优配送路线。其本质是将目前城市快递物流配送所采用的模式应用在农村电商物流中，主要解决的是物流配送的时效性问题而不是有无的问题，与农村居民的实际需求存在一定偏差。李宇（2017）在现有的车辆路径规划模型的基础上，考虑了农村节点分散和需求量不稳定的情况，即当需求点的需求量大于给定的阈值时，配送车辆将在此需求点停靠。但该模型仍然无法解决配送成本较高的现实问题。陈国伟（2016）基于循环取送货模式，构建了农村电商物流的车辆路径模型，并通过不同的配送频率来解决车辆装载率较低的问题，但模型只涉及乡镇一级配送，仍然不能满足农村居民的实际需要。吴江（2019）综合考虑了政府、企业、用户等利益相关方的实际诉求，从县—乡—村三个层面进行农村电商物流车辆路径的规划，将定向问题与车辆路径问题相结合，并通过科学、合理的方法进行配送方案的对比与选择，帮助相关农村电商物流企业实现可持续发展。

（3）加快农村电商物流服务的对策建议。国内学者根据我国农村电商物流服务发展中存在的问题，提出了一些有针对性的对策建议。杨会全（2014）提出，为促进农村电商物流服务的发展，乡村需要重新整合农村农产品与土地、劳动力、特色旅游等资源，加大投入力度，引进城市企业对农村网络投入和建立规模化网，引入现代化技术和经营模式，提高农村企业技术和管理水平，建立具有农村特色的现代物流服务体系。吕丹（2015）指出，不断创新农村电商物流基础设施建设融资渠道，并积极引导大型电商企业和地方政府合作，加大对农村基础物流建设的投资力度，完善农村电商物流服务体系，提升农村电商物流服务质量。王沛栋（2016）提出，完善农村电商物流结构体系，不断加大对物流服务建设工作的投资力度，在充分吸引物流企业的情况下加快建设农村物流的进程，以发达的物流链体系为后续电商服务工作的开展提供有力的保障，从而有利于各种商品的自由流通，提高农村电商物流的服务质量。武晓钊（2016）指出，为加快带动农村地区经济的发展，政府应高度重视农村物流服务基础设施的修建，不断完善物流环境。同时对新兴的电商物流服务平台予以重视，鼓励新兴电商平台入驻，并为其提供优惠的税收环境，为农村电商物流服务提供更多的机会。王凤良（2016）认为，通过整合当地的电商物流资源，由市区供销社牵头，组织农村地区的行业协会、合作社等市场主体成立电商企业，拓展农村电商的终端市场，借助自建平台、第三方平台等开展网上销售，打造农资品、农产品等板块助力农村电商物流服务的发展。黄华继（2017）提出，政府要出台相应政策对农村电商物流进行扶持，积极建设电商物流公共服务平台，并通过着力整合各类资源不断完善农村电商服务体系，全面推进农村电子商务物流服务的建设工作。吴坤（2018）提出通过积极构建物流信息化平台，开发多层物流处理系统，建立多级物流平台，提高农村电商物流的服务效率。孙会（2018）认为，对于农村电商物流服务网络结构体系的完善，国家应当大力发展物流网络技术，加大网络宣传的力度，将全面覆盖互联网技术作为最终的目标，从而为提升电子商务物流服务质量的发展奠定基础。杜洪燕、陈俊红（2018）认为，我国电子商务物流服务应根据自身发展现状，从长远的角度出发，注重科学完善的电子商务体系的建立，同时政府也应对电子商务服务标准和规范进行严格的要求，不断完善电子商务的选择、购买、支付、物流、售后、退货环节，努力改善协同电子商务物流行业的服务质量。胡月阳（2019）提出，为优化农村电商物流服务质量，政府部门需出台促进农村电商物流发展的优惠政策，增加农村基础设施建设的资金投入，改善农村道路交通状况，提高物流效率，降低成本，促进农村电商物流服务技术水平提升。

1.3.3 研究述评

自从农村电商及农村电商物流的概念被正式提出之后就受到了国内外学者的广泛关注，在学术界产生了较多的研究成果。通过归纳梳理相关文献可知，众多国内外学者从不同角度对乡村振兴、农村电商及农村电商物流进行了相关研究，提出了很多不同的见解，产生了具有一定影响力的研究成果。但是，从该领域现有的成果来看，国内外学者对基于乡村振兴战略的农村电商物流服务的相关研究也存在不足，主要表现在以下几个方面。

第一，从研究内容看，通过综合归纳学术界以往的各类相关研究成果，发现国内外学者在该领域的研究范围及研究内容上有一定的局限性。其中，在对乡村振兴战略方面的研究，大多数国内外学者着重于研究乡村振兴的内涵，很少把该战略应用到乡村治理与发展的具体实践中，对该概念的研究范围较小；在对农村电商及农村电商物流方面的研究，众多国外学者仅对农村电商及农村电商物流的基本理论进行了研究，而国内学者在对农村电商及农村电商物流内涵研究的基础上，进一步研究农村电商及农村电商物流的发展模式，但相关研究成果仍较少；在对农村电商物流服务质量的研究方面，大部分国内外学者仅仅分析了农村电商物流服务的优化路径，很少通过构建质量评价指标体系对农村电商物流服务质量进行深入分析与评价，且关于农村电商物流服务的相关研究成果较少。

第二，从研究视角看，众多学者仅局限于对乡村振兴或对农村电商的单一研究，把乡村振兴战略与农村电商物流相结合的相关研究较少。近年来，乡村振兴战略对农村电商发展的支持力度不断加大，在农村电商及农村电商物流发展过程中的作用越来越突出，因此有必要从乡村振兴战略角度出发对农村电商物流的服务质量进行深入研究。

第三，从研究方法看，农村电商物流服务质量是一个复杂的系统，既包括定性研究，也涉及定量评价。因此，过于简单的方法无法全面、准确、科学地对其服务质量进行综合分析。然而目前，大部分国内外学者在进行研究时仅采用单一的定性分析，很少采用定性与定量相结合的方法。

综上，本书将乡村振兴战略与农村电商物流相结合，采用问卷调查法、行为事件访谈法、比较分析法等多种研究方法相结合研究我国农村电商物流服务质量的优化。

1.4 研究内容及思路

本书在归纳梳理国内外学者对乡村振兴、农村电商与农村电商物流服务研究现状的基础上，总结国内外学者在该领域的研究成果，并在此基础上，根据乡村振兴战略下农村电商物流的发展现状和特点，对农村电商物流服务中政府与物流企业合作的演化博弈以及物流企业与乡村物流服务网点协作与服务质量监督进行博弈分析，并通过构建农村电商物流服务质量评价指标体系进行评价。在此基础上，结合山西农村电商的物流服务案例进行研究，进一步分析优化农村电商物流服务质量的相关策略，从而为我国提升农村电商物流服务质量提供合理有效的指导和依据。本书具体的研究内容如下。

第1章，绪论。本章在阐述乡村振兴战略下农村电商物流服务质量优化的研究背景的基础上，总结归纳了国内外学者对乡村振兴、农村电商及农村电商物流服务的研究现状和最新进展，并对国内外相关研究现状进行了述评，基于此，提出本书的研究意义、研究内容及框架、主要研究方法及创新。

第2章，概念界定及理论基础。首先，本章从定义、特点、模式等方面对电子商务、农村电子商务、农村电商物流以及乡村振兴战略等概念进行界定。其次，对本书涉及的相关理论基础进行阐述，为后文的进一步研究提供了一定的理论基础。

第3章，我国农村电商物流的发展现状。本章分析了当前农村电商的发展现状及成功经验，阐述了农村电商物流的发展现状、模式及存在的问题及难题。在此基础上，进一步对乡村振兴战略下我国农村电商物流未来的发展趋势进行探究。

第 4 章，农村电商物流服务的演化博弈。本章首先对政府与物流企业间进行演化博弈分析，分析投入成本、超额收益与罚款金额等因素对双方共同构建的影响；为促进双方合作推动农村未来发展并逐步提高农村物流服务体系的服务质量水平，引进第二模型物流企业与乡村物流服务网点的博弈分析，进一步分析对其博弈结果的影响因素，最终提出具有针对性的方法与建议，为双方的长远发展优化农村电商物流服务提供理论参考。

第 5 章，农村电商物流服务质量的评价。本章以 SERVQUAL 模型和 LSQ 模型的维度框架为基础，结合农村电商物流服务的特点、现状及存在的问题，构建出农村电商物流服务质量体系，运用模型对评价维度进行分析，为更好地提升农村电商物流服务质量提供定量研究基础。

第 6 章，个案研究：乡村振兴战略下山西省农村电商的物流服务。本书基于乡村振兴战略视域对山西省农村电商物流服务的发展概况进行个案研究，首先通过对山西省具有代表性的陵川县、中阳县、定襄县、武乡县、稷山县及隰县等六个地区的农村电商物流服务发展现状及发展模式进行具体概述，并以最具代表性的隰县为例展开深入研究。其次，通过发放问卷调查及进行实地调研初步确定影响隰县农村电商物流服务质量的主要因素，并对其进行相关性分析和回归分析，得出隰县农村电商物流服务质量影响因素之间的相关关系及影响程度。

第 7 章，乡村振兴战略下优化农村电商物流服务质量的策略。本书基于乡村振兴战略视角，对提高农村电商物流服务质量提出了相应的具体对策。

第 8 章，结论与展望。本章总结了本书的主要研究内容及结论，阐述了本书在研究过程中存在的问题，并对未来的研究方向进行了展望。

本研究具体技术路线图如图 1-1 所示。

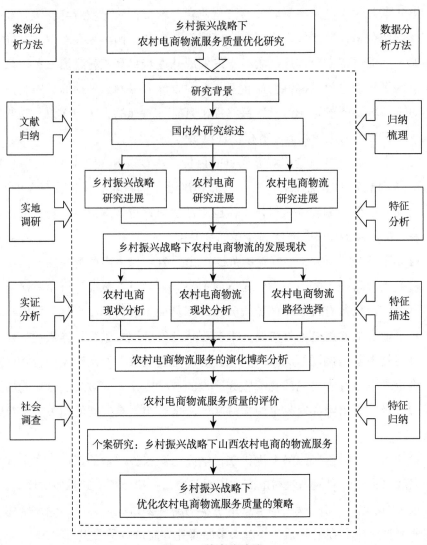

图 1-1　技术线路图

1.5　研究方法

1.5.1　文献归纳法

本书以乡村振兴和农村电商物流为关键词，充分利用中国知网、维普、万方数据库等资源广泛查找涉及乡村振兴、农村电商、农村电商物流及其服务质量等内容的国内外文献，并对相关文献进行全面收集、分类整理和系统分析，及时了解本研究领域国内外的最新成果和发展动态，深入总结学术界对乡村振兴、农村电商及农村电商物流的研究现状，为进一步研究农村电商物流服务质量的提升路径奠定基础。

1.5.2　理论与实证相结合

在理论研究方面，本书对乡村振兴战略及农村电商物流服务等相关理论按照其内在的逻辑构成一定的体系，为本书进一步展开深入研究奠定理论基础；在实证研究方面，对农村电商物流服务的具体情况进行实地调查，并通过发放问卷，在对调查结果进行实证研究的基础上进行归纳总结。在进行理论分析的基础上，本书结合农村电商物流的发展现状，理论研究与实证研究相结合，深入探讨提升农村电商物流服务质量的最优路径。

1.5.3　定向分析与定量分析相结合

本书采用定向分析与定量分析相结合的研究方法对农村电商物流服务质量进行全面分析。本书通过对农村电商物流服务竞合关系进行博弈分析，并运用因子分析法、层次分析法等构建农村电商物流服务质量评价体系等相关模型。在此基础上，本书从数量上准确分析农村电商物流服务质量评价体系中各个变量间的关系，并结合研究现状，深入分析农村电商物流的服务质量，验证理论观点，为提升农村电商物流的服务质量奠定理论基础。

1.5.4　案例分析法

本书基于乡村振兴战略对山西省农村电商物流的服务质量现状进行案例分析。该案例的选择充分考虑了中国农村区域差异性大等特征，坚持典型性原则、针对性原则、严密性原则和科学性原则等，确保被选择样本最具代表性。通过对该案例进行分析，进一步明确农村电商物流的运作模式及服务质量，对于我国其他地区进行农村电商物流质量优化有一定的借鉴意义。

1.5.5　实地调查法

本书对农村电商物流企业进行了实地调查，通过现场收集信息获得所需的调查资料及相关数据，同时广泛采纳地方政府、专家学者及相关研究人员的意见及建议，为本书的深入研究提供实践基础。通过实地调查方法，以小见大，了解并掌握农村电商物流及其服务质量的相关情况，为本书展开进一步研究奠定基础。

1.6　创新之处

1.6.1　研究角度的创新

本书基于乡村振兴战略视角对农村电商物流服务质量进行研究，深入分析影响农村电商物流服务质量的因素，构建符合我国农村地区实际情况的电商物流服务质量指标体系，对于优化物流服务质量有重要意义。此外，本书以山西农村电商为个案，对其物流服务模式进行深入研究，并从乡村振兴战略角度出发，深入分析山西省农村电商物流服务的质量，为地方政府制定相关政策提供理论基础与实践指导。

1.6.2 研究内容的创新

本书对政府与物流企业间是否合作构建农村物流体系进行演化博弈,分析了不同因素对其策略选择的影响。基于此,又进一步分析了物流企业与乡村物流服务网点协作与服务质量监督的演化博弈,最后根据博弈的结果提出优化农村电商物流服务质量的建议,为提高物流服务工作效率提供参考建议。

1.6.3 指标体系构建方面的创新

本书在梳理了大量国内外农村电商及电商物流服务质量相关文献的基础上,通过实地调研与访谈,充分考虑农村电商物流服务质量的特点、影响因素等,借鉴 SERVQUAL 模型和 LSQ 量表,得出服务经济性、便利性、响应性、信息性、移情性、可靠性这六个维度,并建立测量模型计算出各指标的权重,最终得到适用于我国农村电商物流服务的质量指标体系。

第2章 概念界定与理论基础

近年来，农村电商物流服务已在农村电商产业领域得到了理论指导和实践应用。然而，关于农村电商物流服务质量优化的相关研究尚未形成系统的理论体系。因此，本章在对农村电子商务、农村电商物流服务以及乡村振兴战略等概念进行科学界定的基础上，对信息不对称理论、交易费用理论、供应链理论以及农业信息化理论等相关理论基础进行梳理，从而为后文的研究提供一定的理论支撑。

2.1 概念界定

2.1.1 电子商务

2.1.1.1 电子商务的概念

新时期信息化网络技术是新经济发展的方向，电子商务的产生是基于经济全球化和信息全球化。随着互联网新兴技术的出现和快速发展，电子商务的覆盖面越来越广，正向全球各个行业、各个环节和各个领域进军，它直接带动了传统商务活动的改革。

电子商务是指利用计算机网络技术开展的一切商务活动。电子商务包括通过网络进行购买、销售以及综合服务的一系列过程。广义上说，电子商务就是利用电子数据进行交换，电子信息流通所进行的一切商务活动和贸易活动，可以是物资调配、内部管理、数据分析等。从狭义上说，电子商务是个人利用互联网进行的一切商务活动，可以是买卖交易、信息交换、沟通洽谈等。从电商工作要求来看，需要电子商务专业技能人才，如商务型电商人才、技术性电商人才、战略型电商人才等。从商品类别上来看，可以分为普通电商、涉农产品电商。

2.1.1.2　电子商务的特点

电子商务是依托现代信息技术和互联网不断发展的，是计算机技术和电子产品在广泛应用上的全新发展方向，互联网本身所具有的特点是突破传统的时空观念，缩小了生产、流通、分配、消费之间的距离，降低了成本，提高了效率，而这些也成为电子商务的内在特点，这使得电子商务大大超越了传统贸易形式。电子商务不仅会改变企业自身的生产经营活动，还对全社会的经济运行和产业结构产生重大影响。电子商务表现出来的优越性是传统媒介手段无法比拟的。其基本特点表现为：一是降低成本，提高效率。电子商务在传统的贸易流程中是通过计算机、互联网、信息技术进行的，以电子流代替了传统的实物流，大大降低了经营活动中的成本消耗，缩小了流通、分配与消费者的实际距离。从人力和物力上为企业降低了经营成本，获得更多的利润。同时，电子商务突破了时间和空间的限制，使各种交易不受时间和销售地点的限制，提高了日常的工作完成水平。二是没有地域和时间的限制。互联网改变了传统贸易交换的空间，两者之间主要的区别是将实际的距离空间虚拟化，很多日常的工作都可以通过虚拟的商城来完成贸易活动，甚至可以远程建立虚拟社区、虚拟公司、虚拟大学或虚拟研究所来实现信息、资源和智力的共享。三是减少了交易的中间环节。电子商务改变了传统的生产生活方式，减少了商品在交易中的许多环节，拉近了消费者与生产者之间的距离，不仅降低了生产及交易成本，还改变了全球社会经济的运行模式。

2.1.2 农村电子商务

农村电子商务是指在原电子商务的基础上，把城市的商品和农村的农产品，通过互联网进行销售，通过这条渠道使得农民买卖东西更加方便快捷。农村电子商务的服务对象是农民，面向的是广大农村，农村电子商务的实体终端直接扎根于农村，它是在村委会或商业超市建立起一个服务站，通过规范化管理，市场化运作，配以金融、人才、物流等服务，运用互联网、大数据等现代信息技术，以数字化、信息化等手段有效连接各种服务于农村的资源，不断拓展农村信息服务业务和服务领域，为农村地区从事涉农领域的生产经营主体提供线上服务。

2.1.2.1 农村电子商务的发展历程

我国农村电子商务经历了供销社、集市和农贸市场、农产品电子商务及农村电子商务等发展阶段，具体见表 2-1。

表 2-1　农村电商的发展历程

发展阶段	产生原因	具体概述
供销社	计划经济时期，生产商按照国家和政府的意志对农产品进行统购包销	是覆盖城乡的全国性流通网络，是组织农产品流通的主渠道，起到了连接城乡市场、促进城乡物资交流的作用
集市和农贸市场	随着农业生产的快速发展，农产品产量大幅增加，城市对于农产品的需求也不断提高。为此，提出逐步建立和完善以批发市场为中心的农产品流通体系，充分发挥市场的资源配置作用。在国家政策的支撑下，集市和农贸市场开始出现并不断发展	农产品大量涌入集市和农贸市场，我国农产品批发市场的数量和规模不断扩大，大量产品以零售的形式直接向消费者销售
农产品电子商务	随着市场经济的日益发展，集市和农贸市场中的管理问题逐渐凸显，加之传统的农产品流通的渠道过长、物流技术落后、信息化程度低等，无法适应信息化时代的发展要求，在这种情况下，农产品电子商务应运而生	农产品电商突破了时间和地域的限制，随时进行跨区域交易，扩大农产品流通渠道，减少农产品流通环节，降低物流成本，减少交易费用，提高了农产品交易过程中的信息化程度

发展阶段	产生原因	具体概述
农村电子商务	随着供给侧结构性改革的深入，即从供给、生产端入手进行改革，因农产品电子商务抑制了供给侧结构性改革进程，造成消费者对高品质农产品的基本需求难以满足。农村电子商务的产生与发展，在一定程度上弥补了这一不足	农村电商实现了生产者和消费者的对接，使生产者能够准确获取消费者的需求信息，按照需求量组织安排生产，实现供需平衡，同时也对生产者起到了监督作用

2.1.2.2　农村电子商务的特点

由于农业和农产品的本身特性，农村电子商务与其他行业电子商务有很多区别，它主要表现在以下三个方面：一是市场特色。当前农产品的种植还是小农户占主导地位，产品的种类较为分散、产量较小且产业集中化程度较低。农民现在不仅是以消费者的形式存在，还以生产单位的形式存在，所以类似 B2C 这种简单的电商模式满足不了用户的需求。二是用户特色。农民相对来说接受新生事物的能力受传统观念和日常习惯的影响较大，但是只要让农民看到益处，他们就很容易被引导被改变，而且很容易彼此影响。三是农产品特色。农产品本身的种类非常多，标准化水平没有很具体的差别，对信息的传递速度、质量比其他的商品的需求高。在运输、流通的过程中，对物流的速度等要求相对其他商品来说也比较高，尤其是水产类、果蔬类及生鲜产品需要冷链处理的，这也是目前发展中的瓶颈。

2.1.2.3　推进农村电商发展的意义

为适应经济新常态与现代化经济发展体系，必须充分发挥农村电商对培育经济新动力的重要作用，积极推动农村电子商务快速发展，努力把农村电子商务打造成为"大众创业、万众创新"的平台。因此，推进农村电商的发展具有重要意义。

第一，推进农村电子商务发展是完善农产品市场机制的重要举措。农村电商能够为传统农产品的销售提供信息化支持，以信息流带动技术流、人才流、资金流以及物流，实时反映市场供求状况，解决信息不对称问题，拓展农产品销售的新渠道。此外，发展农村电子商务能够有效促进产销衔接，降低流通成本，有利于稳定市场预期、减缓价格波动，促进资源要素合理有序流动，推动全国农产品统一市场的进一步完善，进而更好地发挥市场配置资源的决定性作用，是建立健全现代农产品流通体系的必然要求。

第二，推进农村电子商务发展是促进现代农业发展的重要途径。农村电子商务是现代化发展的重要组成部分，通过不断推进农村电商的发展进程，将产业链、价值链、供应链等现代经营管理理念融入农业，能够在一定程度上促进现代信息技术与传统农业的深度融合，推动农业生产由以产品为中心转变为以市场为导向，不断优化农业生产布局，促进农业标准化、品牌化发展，实现农业发展方式的根本性变革，进而提高国际竞争力，为新型工业化、信息化和农业现代化同步发展增添新的动力。

第三，推进农村电子商务发展是扩大消费需求的重要动力。在经济新常态下，提升消费需求对促进经济发展的关键作用日益凸显。促进农村地区电子商务创新发展是实施"互联网＋"行动的重大举措，对适应经济发展新常态、打造经济社会发展新引擎、有效应对经济下行压力具有重要的现实意义。推动农村电商发展是顺应消费方式、生活方式深刻变化的现实需要，能够突破购销的时空限制，满足不同消费群体的个性化、多样化需求，进一步挖掘市场需求潜力，促进消费转型升级。

第四，推进农业电子商务发展是加快转变政府职能的客观要求。农村电子商务是农产品流通和农业生产资料销售的新业态，在发展的过程中必须充分发挥政府作用，切实加强政府的公共服务、市场监管、社会管理等职责，提高政策规划能力，健全农产品和农业生产资料市场信息监测体系，强化市场监管和行政执法，为农村电子商务创造良好发展环境，切实推进农村电子商务的发展进程。

2.1.3　农村电商物流服务

农村电商物流服务是指利用数字与信息化等科技手段将农村电子商务与物流服务有机地结合起来，实现农村电商物流服务的电子化、信息化，促进农村资源进行线上商务交易活动，不断优化市场资源配置，为提供最优物流服务奠定基础。

2.1.3.1　农村电商物流服务的特性

农村电商物流服务作为电商物流配送的最后环节，由于其服务对象、要求及环境的不同具有其特殊性质。农村电商物流服务的特性体现在以下几方面。

第一，分散性。与城市地区的居住模式相比较，农村村落较为分散，居民住户的分布密度较小，呈现分散性，这决定了电商物流的服务模式也具有分散性，物流服务人员将货物送到居民家中，需要的配送时间较长，严重影响了农村地区电商物流的配送服务效率和服务质量。

第二，经济性。由于城乡经济发展水平不一，与城市地区相比，农村地区的消费者在货物选购时偏向于价格较低的物品，选取经济性的商品与服务模式，进而使农村电商物流的服务具有经济性。

第三，消费观念落后。随着农村经济的进一步发展，部分农村消费者的消费理念以及对农村电商的参与度有所提升，但农村地区大多数消费者的文化程度较低，其消费理念较为落后，不易接受新型的电商服务模式，影响了电商企业在农村地区的进一步发展，同时也制约了农村电商物流服务的进一步提升。

第四，发展规模扩大。近年来，随着农村互联网的日益普及，农村电商网络零售额和农产品网络零售额呈现快速增长的态势。同时，国家相关政策的持续推进促进了农村电商物流发展，提升了农村电商物流的服务质量。

2.1.3.2 农村电商物流服务质量的影响因素

当前，我国农村电商物流基础薄弱、产业链条长、中间环节多、涉及面广，长期处于粗放式发展。此外，由于交通运输、农业、供销、邮政管理等各部门之间政策缺乏协同机制，导致农村电商物流对资源整合的利用程度较低，降低了流通效率，电商物流成本因此不断增加，极大程度上影响了农村电商物流服务质量的提升，具体的影响因素如下。

第一，基础设施的完善程度。农村电商物流仓储中心、配送中心及运输工具等基础设施的完善程度直接影响物流服务质量。完善的现代化设备不仅能够提高物流服务完成的效率，缩短顾客的等待时间，还有利于避免因电商企业订单量增加造成物流延误等问题，从而有效提高顾客的满意度，提升物流服务质量。

第二，服务人员的综合素质。农村电商物流服务是典型的服务行业，电商物流是配送的终端环节，也是衡量电商物流服务质量的关键指标，物流服务人员的服务态度、文化程度及专业素养等因素直接影响农村电商物流服务质量。

因此，为提高农村电商物流的服务质量，各级部门必须大力整合资源，建设电商仓储设施和电商物流园区，打造农村现代电商物流网络，建设现代化农产品冷链快递物流集散中心，推广农村电商物流标准和服务规范。同时，通过整合商贸物流资源，在区域节点建设仓储物流中心，提升物流信息化水平，发展智慧物流，提高配送时效，形成"布局合理、双向高效、服务便利"的农村电商物流服务体系。

2.1.3.3 农村电商物流服务配送模式

农村电商物流服务配送模式主要包括自营物流配送模式、第三方物流配送模式、物流联盟配送模式、OSO物流模式以及第四方物流模式，具体内涵见表2-2。

表 2-2　农村电商物流服务配送模式具体内涵

配送模式	具体内涵
自营物流配送模式	指农村电子商务企业着眼于企业的长远发展，自行组建物流配送系统，并对整个企业的物流运作进行计划、组织、协调、控制管理的一种模式。自营物流配送模式主要分为两种类型：一类是资金实力雄厚且业务规模较大的 B2C 电子商务公司；另一类是传统的大型制造企业或批发零售企业经营的 B2C 电子商务网站
第三方物流配送模式	第三方物流配送模式以签订合同的方式，在定期内将部分或全部物流活动委托专业的物流企业来完成，这种模式也称为外包物流配送模式。目前，我国的第三方物流配送模式提供商主要包括快递公司和邮政服务体系
物流联盟配送模式	指物流企业之间为了提高配送效率、实现配送合理化所建立的一种功能互补的配送联合体。农村电子商务物流联盟模式主要指多个农村电商企业与一个或多个物流企业进行合作，或多个电子商务企业共同组建一个联盟企业为其提供物流服务，为了实现长期合作而进行组合的发展模式
OSO 物流模式	OSO 物流模式指物流外包—自建渠道—渠道外包模式，该模式与中国物流发展水平、电子商务企业自身发展水平、客户需求水平紧密联系，从最初的业务外包、到中期的选择自建，再到最后业务趋于平稳。随着社会化物流服务水平不断提升，众多电商企业开放自身的物流服务渠道以供全社会使用
第四方物流模式	这种模式是专业化的物流咨询公司根据物流公司的要求为其提供的物流系统的服务或提供物流系统优化和设计方案等。从某种程度上，第四方物流是把众多第三方物流进行整合的供应链管理型公司

2.1.4　乡村振兴战略

党的十九大报告中明确提出了乡村振兴战略，提出农业农村农民问题是关系国计民生的根本性问题，必须始终把解决好"三农"问题作为全党工作重中之重。

有别于过去常提的农村发展，乡村振兴战略更多的是从农村衰落的现实情境出发，是对促进农村、农业和农民的全面振兴提出的全新要求，内容涵盖农村经济、社会、政治和生态等多个方面。自乡村振兴战略正式提出之后，国内学者从发展动力、五位一体、城乡融合等不同角度对其内涵进行了更加深入的研究，并对乡村振兴战略展开具体论述，丰富了乡村振兴战略的内涵。国内学者在该领域的研究过程中所提出的代表性观点见表 2-3。

表 2-3　国内学者对乡村战略内涵的具体描述

角度	时间	提出者	主要内容
发展动力	2017 年	朱泽	乡村振兴战略的提出使农村发展成为我国经济发展新引擎，并成为我国内生的、可持续的内需动力源泉，是新时代我国农业、农村和农民发展的全面振兴
	2018 年	李业芹	绿色发展是乡村振兴的主要推动力，应在绿色政策、绿色生产、绿色生活等多方面进行，体现国家对农村地区发展的支持
五位一体	2017 年	王佳宁	乡村振兴战略是对农业、农村和农民现代化的全面改善，其内涵是对经济维度、政治维度、社会维度、文化维度以及生态维度的全面振兴
	2018 年	张强	乡村振兴战略的内容不拘泥于一点或某几点，应是包含社会、经济、文化和生态的全面振兴
城乡融合	2018 年	杨仪青	乡村振兴战略的内涵是全面的，应促进农村经济、社会、文化、生态等方面实现全面协同发展，注重区域间相互融合发展，实现农村产业规模化及现代化发展，提升农村居民住户的生产环境和生活环境，以城乡融合的途径实现乡村振兴
新农村建设	2018 年	李周	乡村振兴战略是新农村建设的深化发展，主要包括产业振兴、文化重建、农村社会保障、乡村生态建设等
乡村价值	2018 年	蒋永甫、宁西	乡村振兴战略的提出是对乡村日益衰落的现实回应，是基于对乡村价值和地位充分认同而做出的战略选择，该战略的实施不仅关系三农问题，也决定着中华民族伟大复兴的中国梦的实现
乡村文化	2018 年	索晓霞	乡村振兴的内在动力在于各方对乡村文化的理解与认同，它将各行为主体凝聚起来为乡村振兴做出多样化的贡献。以乡村传统文化产业的振兴带动农村整体社会经济的振兴
乡村文化	2018 年	薛秀娟	乡村文化振兴更要注重本土村民的文化素质培养，提升农村群体掌握新技术的能力
"三权分置"	2019 年	严金明、迪力沙堤、夏方舟	"三权分置"改革是落实乡村振兴战略的关键举措，是促进农业农村优先发展、缩小城乡差距的制度创新
法律制度	2019 年	孔祥智	在法律层面上，一系列相关法律政策的通过为乡村振兴战略的实施奠定了法律和制度基础，基本上形成了乡村振兴战略的支撑体系，推动乡村振兴战略的实施
体制改革	2020 年	唐任伍	深化农村体制机制创新和改革，打破城乡经济社会二元体制，构建城乡命运共同体，建立现代乡村治理体系，实现乡村治理体系和治理能力现代化，是实现乡村振兴的路径

2.1.5 互联网科技

互联网科技指以移动互联网为主的现代信息技术在经济社会各领域不断释放数据流动性的过程，它是通过先进技术在各个产业内部及产业间的运用，并依托云计算、大数据、物联网等配套技术在行业间产生反馈、互动与协调等活动，实现互联网科技的融合与创新。互联网科技是现代信息技术的核心，具有全球化、开放性、便利性、互动性以及海量信息等特征，呈现出数字化、规模化、多元化的发展趋势，其应用程度是衡量国家综合国力的重要指标。

随着经济的不断发展，互联网业务持续创新拓展，智能化和融合发展成为新时期互联网科技的核心特征。中国成功建网、用网、治网，已经把互联网科技发展成为巩固和扩大中国特色社会主义的显著优势（叶蓁蓁，2019）。利用信息通信技术以及互联网平台推动互联网与工业、商业及金融业等传统行业进行深度融合，形成新的发展模式，助推实现经济高质量发展。推动互联网科技的发展既有利于优化生产要素配置，促进生产组织和商业模式的变革，也有利于提高经济发展质量，实现集约化发展。

互联网科技对经济转型发展具有重要意义，通过推动互联网与各行业深度融合，有利于促进国内相对落后的相关产业的升级，加快形成经济发展新动能，是经济转型升级的新引擎。在经济发展新常态下，要充分发挥互联网在资源配置中的优化和集成作用，促进以云计算、物联网、大数据为代表的新一代信息技术与现代制造业、生产性服务业等的融合创新，将互联网的创新成果深度融合于经济社会发展领域中，提高实体经济的生产力，发展壮大新兴业态，形成更广泛的以互联网为基础设施和实现工具的经济发展新形态，为产业智能化提供支撑，增强新的经济发展动力，促进国民经济提质增效升级。

近年来，随着人工智能、区块链、物联网等新技术的应用，互联网科技不断与各领域深入融合创新发展。在全球新一轮科技革命和产业变革中，互联网科技与各领域的融合发展具有广阔前景和无限潜力，已成为不可阻挡的时代潮流，对经济社会发展产生战略性和全局性的影响。如今，为适应经济发展潮流，农村地区需要积极发挥互联网科技的比较优势，把握机遇，加快推进"互联网＋农业"发展，这对于重塑创新体系、激发创新活力、培育新兴业态，适应和引领经济发展新常态，实现农村地区经济发展具有一定的现实意义。

目前我国互联网科技的发展过程中很多技术尚不成熟，为加快"互联网＋"的发展速度，农村地区必须采取有效措施切实加以解决，推动互联网向更加智能、更加便捷、更加高效的方向发展。

2.2　理论基础

2.2.1　信息不对称理论

信息不对称理论指在信息不完全市场的经济活动中，交易双方对相关信息的掌握程度存在一定的差异，掌握信息较为充分的一方通常处于优势地位，而掌握信息较为缺乏的一方通常处于劣势地位，信息具有不对称性。

根据信息不对称发生的时间对信息不对称理论进行划分，可分为逆向选择理论和道德风险理论，具体见表 2-4。

表 2-4　信息不对称理论的分类

理论	含义	具体含义	产生原因	具体含义
逆向选择理论	事前信息不对称	信息不对称发生在交易双方签约之前	占据信息优势的一方隐藏了信息	指掌握信息较多的一方利用相对方对信息的无知而隐瞒相关信息获取额外利益，客观上导致不合理的市场分配的行为
道德风险理论	事后信息不对称	信息不对称发生在交易双方签约之后	占据信息优势的一方隐藏了行动	指占有信息优势的一方为自身利益而故意隐藏相关信息，对另一方造成损害的行为

信息不对称造成了市场交易双方的利益失衡，优先占有信息资源的一方处于优势地位，而当某种信息资源被独占的时候，相应的利益也会被垄断，在一

定程度上影响社会的公平、公正的原则以及市场配置资源的效率，造成逆向选择和道德风险的产生。由信息不对称产生的逆向选择和道德风险同样会导致市场效率低下，扭曲市场机制，造成市场失灵，因此需采取一定的措施对其加以控制，确保市场的有效运行。

加强对信息的获取是克服信息不完备的重要手段，能够在一定程度上降低市场的不确定性。因此，可通过加强信息网络建设，形成数据共享的信息环境，减少逆向选择和道德风险对市场的负效用，将信息不对称现象降低到最低限度，进而解决交易双方的信息不对称问题。在利用大数据降低信息不对称性问题的同时，需要加强政府的政策引导。随着现代信息化市场的不断完善，政府的宏观调控作用日益强化，政府应不断完善市场竞争机制，助力完善信息公开制度，降低逆向选择和道德风险发生的概率，进而降低信息不对称现象的发生概率。

对信息不对称理论的研究在一定程度上对博弈论的发展起着重要的推动作用。交易双方的信息不对称问题是由于人们心理活动的"屏蔽性"造成的，是交易双方为了各自的经济利益而进行的心理上的博弈，这种博弈是以信息不对称为前提的。因此，本书以信息不对称为理论基础，对农村电商物流服务竞合关系进行博弈分析，为后文进行实证分析奠定理论基础。

2.2.2　交易费用理论

1937 年，著名经济学家罗纳德·科斯（Ronald-Coase）在其著作《企业的性质》中首次提出交易费用理论，该理论认为，企业和市场是两种可以相互替代的资源配置机制，由于存在有限理性、机会主义与不确定性等因素使市场交易费用高昂，而通过企业交易所形成的交易费用比通过市场交易所形成的交易费用低。为节约交易费用，企业作为代替市场的新型交易形式应运而生，交易费用决定了企业的存在，企业采取不同的组织方式的最终目的是减少交易费用。

交易费用的核心是信息成本，即获得信息、识别信息所需付出的代价，是信息不对称现象产生的原因之一。信息成本的高低取决于信息的真假以及对其识别的敏感程度,信息用户花费的时间越长,费用越高,信息成本越大,交易费用越高。当信息用户的调查超过一定的限度后,其信息成本就会高于他所购买商品的"消费者剩余价值",即高于获取信息所增加的收益。同时,由于市场行为中的委托—代理关系存在败德行为、商业欺诈行为、信息产品的盗版行为等经济机会主义,造成交易费用不断提高。为消除信息不对称和信息成本引起的经济机会主义,需要政府进行宏观调控,增强管理力度,强化法治建设和知识产权保护,加强信息成本管理,促使信息成本和交易费用降低。

2.2.3　供应链理论

供应链是一个网链结构,由核心企业和围绕核心企业的供应商、用户等节点企业组成。其中,核心企业一般为产品制造企业或零售企业等大型企业,节点企业在需求信息的驱动下,通过供应链的职能分工与合作,进行生产、分销、零售等活动,以资金流、物流或服务流为媒介,实现整个供应链的不断增值。在供应链模型中,一个企业是一个节点,节点企业之间是一种需求与供应关系。供应链的具体结构模型如图 2-1 所示。

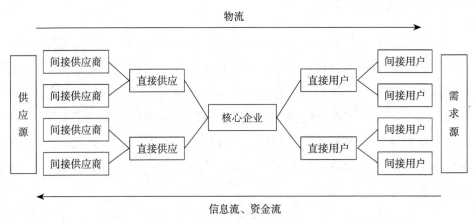

图 2-1　供应链结构模型

2.2.3.1　供应链的特征

供应链以核心企业为中心，通过对信息流、资金流和物流的控制，完成采购原材料、生产中间产品以及最终产品、产品运输等一系列环节，把供应源与需求源连接成一个整体的功能网链结构模式。供应链既是连接供应商到用户的物料链、信息链、资金链，也是增值链，物流在供应链上因加工、包装、运输等过程而实现价值增值，给相关企业都带来收益。供应链主要具有以下特征。

第一，复杂性。由于供应链节点企业组成的跨度和层次不同，供应链往往由多个、多类型的企业构成，供应链结构模式比单个企业的结构模式更为复杂。

第二，动态性。供应链管理因企业战略和适应市场需求变化的需要，其中节点企业需要动态地更新，这就使得供应链具有明显的动态性。

第三，面向用户需求。供应链的形成、存在、重构，都是基于一定的市场需求而发生，并且在供应链的运作过程中，用户的需求拉动是供应链中信息流、产品服务流、资金流运作的驱动源。

第四，交叉性。节点企业既是这个供应链的成员，同时又是另一个供应链的成员，众多的供应链形成交叉结构，增加了协调管理的难度。

2.2.3.2　供应链管理的内涵

供应链管理指在满足一定的客户服务水平的条件下，为了使整个供应链系统成本达到最小而把供应商、制造商、仓库、配送中心和渠道商等有效地组织在一起来进行的产品制造、转运、分销及销售的管理方法。供应链管理主要包括计划、采购、制造、配送、退货等基本内容，在供应链运行过程中，通过实现每个环节的协调，能够提升供应链的运行效率。与传统的物流管理相比，供应链管理在存货管理、成本、信息流、风险、计划及组织间关系等方面具有更大的优势。供应链管理与传统物流管理的区别具体如下。

第一，存货管理方面。在供应链管理中，存货管理是在供应链成员中进行协调，使存货投资与成本达到最小；而传统的物流管理则把存货提前或延后，提高转移存货的方式降低流通渠道中的存货投资，时效性较差，成本较高。

因此，为提高供应链的效率，必须充分提供有关生产计划的大量信息，如预期需求、订单数量、生产计划等，以减少存货，降低不确定性。

第二，成本方面。供应链管理通过降低产品的价格成本、送货成本及存货成本等最终成本以优化供应链，而传统的物流管理仅要求公司内部成本控制达到最低值。

第三，风险与计划方面。风险与计划是供应链管理区别于传统物流管理的重要方面。在供应链管理中，风险与计划是基于控制最终成本，由供应链成员共同分担来实现的，而传统的物流管理仅局限公司内部，以降低公司内部风险为最终目的。

2.2.3.3 供应链管理的目标

图 2-2　供应链管理的目标

供应链管理是一种集成化的管理模式。供应链管理的关键是运用集成的思想，实现从供应商开始，经由制造商、分销商、零售商，直到最终客户的全要素、全过程的集成化管理模式，是一种新的管理策略。该管理模式把不同的企业集成起来以提高整个供应链的效率，并高度注重企业之间的合作，以正确的时间、地点、价格及产品达到全局最优的目标。供应链管理的最终目标（4R）如图 2-2 所示。

2.2.3.4 供应链管理的发展

供应链管理的发展与制造业自动化的发展、企业经营管理的演进及企业信息系统的演化密切相关，并随着科技的发展不断优化。安得鲁·怀特（White，1999）提出供应链管理的发展主要经历了三个阶段。第一阶段为独立的物流配送和物流成本管理阶段，主要研究实体分销和对下游厂商的配送系统；第二阶段为整合的物流管理阶段，注重企业内部物流和外部物流的整合，并研究企业间采购和供应战略，强调加强合作关系；第三阶段为整合供应链管理阶段，主要研究从供应商到客户的整体供应链研究，注重整体价值链效率的提高和价值增值。供应链管理的具体发展阶段及其内容见表 2-5。

表 2-5　供应链管理的发展阶段

发展阶段	时间	研究内容
第一阶段	20 世纪 60—70 年代	分离的物流配送和物流成本管理
第二阶段	20 世纪 70—80 年代	整合内外部物流管理和企业间关系管理
第三阶段	20 世纪 90 年代以后	整体价值链效率和价值增值的提高

2.2.4　农业信息化理论

农业信息化是指人类在农业生产活动和社会实践中，通过普遍地采用通信技术、网络技术和信息技术等高新技术，更加充分有效地开发和利用农业信息资源，推动农业经济可持续发展和农村社会进步的过程。

党的十九大报告中提出要实施乡村振兴战略，加快推进农业农村现代化。报告提出，"构建现代农业产业体系、生产体系、经营体系，完善农业支持保护制度，发展多种形式适度规模经营，培育新型农业经营主体，健全农业社会化服务体系，实现小农户和现代农业发展有机衔接。促进农村一二三产业融合发展，支持和鼓励农民就业创业，拓宽增收渠道。"而农业信息化是推动和实现农业现代化的一个重要因素，它关系到农村现代化与农业科学化的发展进程，是提高农业现代化效益的关键。

在推进农业信息化建设的过程中，要尽可能地运用信息技术，不断完善农业网络信息基础设施，积极打造智能化、空间化的农村新型信息平台，持续强化农业信息服务，加速大数据、智能化与物联网等先进信息技术与农业生产领域的深度融合，实现农业信息体系自动化、网络化、数字化，切实提高农业信息化水平，以推动农业高效、稳定、持续发展。实现农业信息化是系统性和综合性较强的大工程，政府要高度重视农业信息化建设，充分地发挥自身的主导作用，增加农业信息化建设领域的资金投入，有机整合信息资源，强化农业信息资源建设，增强信息化服务水平，有效利用农业信息推进农业信息化建设，积极调控和发展农村经济及农业生产状况，为农业经济发展提供信息支持，促进农业信息化建设平稳有序推进。在实施乡村振兴战略的过程中，要积极响应国家的战略部署，充分运用信息化手段和互联网技术，提升农业信息化水平，建立健全信息化服务三农的机制体制，以信息化建设稳步提升农业现代化水平，更好地促进乡村振兴战略的落实和实施。

2.2.5 演化博弈理论

2.2.5.1 博弈论

博弈论思想古已有之，中国古代的《孙子兵法》就不仅是一部军事著作，而且算是最早的一部博弈论著作。博弈论最初主要研究象棋、桥牌、赌博中的胜负问题，人们对博弈局势的把握只停留在经验上，没有向理论化发展。

博弈论考虑游戏中的个体的预测行为和实际行为，并研究它们的优化策略。近代对于博弈论的研究，开始于策梅洛（Zermelo）、波莱尔（Borel）及冯·诺依曼（von Neumann）。1928 年，冯·诺依曼证明了博弈论的基本原理，从而宣告了博弈论的正式诞生。1944 年，冯·诺依曼和摩根斯坦共著的划时代巨著《博弈论与经济行为》将二人博弈推广到 n 人博弈结构并将博弈论系统地应用于经济领域，从而奠定了这一学科的基础和理论体系。1950—1951 年，约翰·福布斯·纳什（John Forbes Nash Jr）利用不动点定理证明了均衡点的存在，为博弈论的一般化奠定了坚实的基础。纳什的开创性论文《n 人博弈的均衡点》（1950）、《非合作博弈》（1951）等，给出了纳什均衡的概念和均衡存在定理。此外，莱因哈德·泽尔腾、约翰·海萨尼的研究也对博弈论发展起到推动作用。今天博弈论已发展成一门较完善的学科。

博弈论是指个人或是组织，面对一定的环境条件，在一定的规则约束下，依靠所掌握的信息，对各自拟订的行为或策略进行选择并加以实施，并从中各自取得相应结果或收益的过程。博弈论也是研究互动决策的理论，是具有斗争或竞争性质现象的数学理论和方法。博弈论通过研究博弈中个体的预测行为和实际行为来研究它们的优化策略。

博弈论作为一种方法论，已成为经济学的标准分析工具之一。博弈论的主要要素有局中人、行动、信息、策略、收益、均衡和结果等，其中局中人、策略和收益是最基本要素。博弈因切入的方向不同，可以被分为不同的类型。

（1）从先前博弈信息的透明度来看，可以将博弈分为静态博弈和动态博弈。静态博弈是指在博弈中，两个参与人同时选择或两人不同时选择，但后行动者并不知道先行动者采取什么样的具体行动。动态博弈是指在博弈中，两个参与人有行动的先后顺序，且后行动者能够观察到先行动者所选择的行动。

（2）从是否具有有效约束机制来看，可以将博弈分为合作博弈和非合作博弈。合作博弈和非合作博弈的区别在于博弈主体间是否具有拥有约束力的协议，如果有，就是合作博弈；如果没有，就是非合作博弈。

（3）从博弈主体的不同收益来看，可以将博弈分为正和博弈、负和博弈和零和博弈。正和博弈中博弈各方的收益和损失相加总和大于零且每一方的利益不受损害，这种情况并非损人利己，强调的是集体主义，团体理性，是效率、公平、公正，简单理解就是共赢，可以实现帕累托改进。负和博弈中博弈各方的收益和损失相加总和小于零，也非损人利己，而是两败俱伤的博弈。零和博弈中博弈各方的收益和损失相加总和永远为零，把己方的收益建立在他人的损失之上，是损人利己的博弈。

（4）从知识的拥有程度来看，可以将博弈分为完全信息博弈和不完全信息博弈。信息是博弈论中重要的内容。完全信息博弈指参与者对所有参与者的策略空间及策略组合下的支付有"完全的了解"，否则是不完全信息博弈。对于不完全信息博弈，参与者所做的是努力使自己的期望支付或期望效用最大化。

（5）从博弈双方的类型来看，可以将博弈分为对称博弈和非对称博弈。对称博弈是指群体中个体无角色区分的博弈，在进化博弈中，不同角色一般按个体所能够选择的纯策略集合是相同还是不相同来区分的，因此对称博弈中所有的个体都有相同的行动空间。非对称博弈是不同群体间的博弈，各博弈主体的行动空间不同。

通常，博弈论在物流领域的应用研究方面，主要是将博弈模型广泛地运用于以物流和供应链为视角的管理、经营和决策中，如服务定价、物流技术、供应链合作、融资等层面。

2.2.5.2 演化博弈

演化博弈论是结合博弈理论分析和动态演化过程分析的一种新理论，最初产生于行为生态学，它从有限理性的个体出发，以群体为研究对象，认为个体是通过不断地模仿、学习和突变等形成稳定策略的。传统博弈理论中，假定参与人是在完全信息和完全理性的条件下做出决策，但现实中，参与人的完全理性与完全信息的条件是很难实现的。与其不同，演化博弈并不要求参与人是完全理性的，也不要求参与人掌握全部的信息。同时，在方法论上，传统博弈论将重点放在静态均衡和比较静态均衡上，而演化博弈理论强调的是一种动态的均衡。

演化稳定策略的是假设每个人实施一种"共同"的策略，除了一小部分"变异"的人实施可选择策略。如果共同策略预期的回报高，我们就会预计排除后者。如果这个结果对那一小部分人仍然有效，则共同策略可以说演化稳定。一个演化稳定策略就是这样的：一旦被人们接受，它将击退任何（很细微的）变异策略，这种策略比其他可选择的策略更能获得高回报，变异策略最终将被共同策略击退。因为这种共同策略获得高回报要比其他任何可选择的多。在人群中它将获得较高平均预期报酬在此"变异"人群就没有立足点。

一般的演化博弈理论具有如下特征：它的研究对象是随着时间变化的某一群体，理论探索的目的是理解群体演化的动态过程，并解释说明为何群体将达到目前的这一状态以及如何达到。影响群体变化的因素既具有一定的随机性和扰动现象（突变），又有通过演化过程中的选择机制而呈现出来的规律性。大部分演化博弈理论的预测或解释能力在于群体的选择过程，通常群体的选择过程具有一定的惯性，同时这个过程也潜伏着突变的动力，从而不断地产生新变种或新特征。

演化博弈有别于传统博弈的重要特征之一是，它着重考察了群体规模和策略频率的演化过程。演化博弈的演化过程主要包含两个机制，变异机制和选择机制 (Weibull，1995)。演化博弈对演化过程的建模主要依赖于选择机制。复制者动态是一种典型的基于选择机制的确定性和非线性的演化博弈模型。在此模型上加入策略的随机变动，就构成了一个包含选择机制和变异机制的综合演化博弈模型，通常也被称为复制者 – 变异者模型（Nowak，2006）。复制者动态存在两种类型：离散模型和连续模型。前者用差分方程建模，后者用微分方程建模。尽管离散模型比连续模型更加真实，但是，它却比连续模型更加难以计算和求解。为了简化分析，演化博弈通常采用连续的复制者动态。由于复制者动态是非线性的，很难求出唯一的解。因此，演化博弈就从对均衡的求解转向对均衡稳定性的分析。通过引入突变机制，演化博弈的均衡概念是一种演化稳定均衡。演化稳定策略与复制者动态两个概念是演化博弈理论的核心概念，两个概念相继被提出之后，演化博弈的研究更加明确了。

本书结合演化博弈的适用性特点和农村电商物流服务中的相关利益主体策略选择特点，通过演化博弈理论和模型来分析农村电商物流服务中相关利益主体之间的决策选择以及相关决策的影响因素，对提升利益主体的合作的稳定性具有一定意义。

2.3　小结

本章首先介绍了电子商务、农村电子商务、农村电商物流服务、乡村振兴战略及互联网科技这五个基本概念，然后对本书用到的信息不对称、交易费用、供应链及农业信息化等相关理论基础进行了详细阐述，旨在为后文的研究奠定理论基础。

第3章 我国农村电商物流的发展

近年来，随着我国农村振兴战略的实施，农村电商发展迎来新的机遇。农村电商和消费品都与人们的生活息息相关。农村电商的发展离不开农产品物流的发展，农村电商的发展为之提供了机遇，两者相得益彰，成为新时期振兴农村经济的先锋生力军。然而，在农村电商行业迅速发展的同时，对农村物流的发展也提出了更高的要求。为了提高农产品的流通效率，保证农村电商物流产业的健康发展，需要在农村电商发展过程中，搭建能够满足农村居民网络购物服务及农产品网络销售一体化的物流配送系统。特别是实现农产品包装加工、运输装卸、仓储管理等各项综合物流功能。通过互联网与农村资源的有效整合，帮助农民扩大产品销路，打开销售市场，提高经济收入水平，使农村经济建设更上一个新的台阶。

3.1 我国农村电商发展状况分析

近年来，伴随着政府层面的政策支持，社会层面各类资源向农村倾斜，使得农村电商呈现出一片向好的趋势，农村电子商务推动农村经济社会快速发展、加快城乡融合发展和农村振兴，迎来历史性的机遇。

3.1.1 农村电商的发展现状

农村电商经过近几年的发展，已由星星之火渐成燎原之势，形成了线上线下融合、工业品农产品双向流通、"商流、物流、信息流、资金流"四流合一、服务生产与服务消费并重、传统与现代有机互补的新型农村现代流通体系，奠定了新时期农村市场体系的基础。

3.1.1.1　农村互联网普及率大幅提高，为农村电商发展奠定了基础

随着我国农村互联网技术的普及和基础设施的不断完善，电子商务逐渐走向农村，农村电商成为推动农村经济发展的重要方式。电子商务的发展依托于互联网信息技术的进步，农村互联网信息技术的不断发展为发展农村电子商务奠定了重要的技术基础。根据中国互联网络信息中心历次发布的《中国互联网络发展状况统计报告》，2014 年我国农村地区互联网普及率为 28.8%，农村网民规模为 1.78 亿，到 2018 年年底，农村网民占我国网民规模的总比增长至38.4%，规模为 2.22 亿。截至 2019 年 6 月，普及率与总人数分别达到 39.6% 和2.25 亿（图 3-1、图 3-2）。农村互联网覆盖率的逐年增长为农村电子商务的发展奠定了基础，互联网信息技术的蓬勃发展促进市场信息得以及时传递，农村地区获得外界交易信息的效率大大提高。

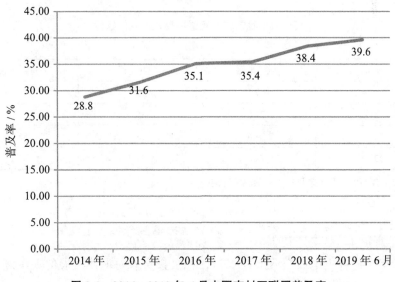

图 3-1　2014—2019 年 6 月中国农村互联网普及率

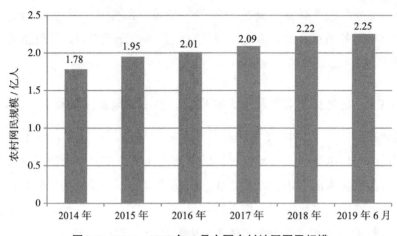

图 3-2　2014—2019 年 6 月中国农村地区网民规模

我国城镇地区经济发达，互联网信息技术发展历史较早，基础雄厚，人才优势明显，电子商务发展规模远大于农村地区，城镇地区电子商务发展对促进农村电商发展具有重要牵引作用，是协同推进城乡一体化发展的重要举措。我国城乡互联网普及率对比统计见表 3-1。

表 3-1　我国城乡互联网普及率对比统计

单位：%

年份	城镇地区	农村地区	差异比较
2016	69.1	33.1	36.0
2017	71.0	35.4	35.6
2018	74.6	38.4	36.2
2019	73.7	39.6	34.1

数据来源：CNNIC 中国互联网络发展状况统计调查。

3.1.1.2　电商企业进军农村，农村电商蓬勃发展

近年来，各大电商企业入驻农村，积极投身农村电商发展的大浪潮。农村

电商的发展让各大电商企业看到了商机，其中阿里巴巴、京东、苏宁、国美等电商领军企业纷纷投入农村电商的浪潮中，不断加大拓展农村市场的力度，使得农村消费者在电商平台的消费水平增长明显。农村电商的发展成为我国电子商务发展的新引擎。特别是阿里巴巴公司推出"千县万村"计划，并承诺在三年内拿出 100 亿元，在全国 1000 个县、10 万个村建立农村电商平台。在一年时间内，淘宝网购模式覆盖了 6000 个存点的几十万个村民。同时，阿里巴巴公司推行"村淘"手机软件，发动员工在家乡寻找"村淘合伙人"，使"村淘合伙人"成为"淘宝"撬动农村消费潜力的杠杆。此外，苏宁将 O2O 模式深入农村，聚焦于农村市场，建立数十个物流基站和上千家连锁门店，与当地市场深度融合、无缝衔接。目前，农村电商已经形成了农产品电商、农资电商、综合平台电商、网络品牌电商、生鲜电商、信息服务类电商、农业众筹以及支撑链的产业布局，有效联系了农村与市场，加快了农产品上行的步伐，为实现产业兴旺的农村振兴目标奠定了基础。

3.1.1.3　国家出台相关政策，为农村电商的发展保驾护航

近年来，国家出台了一系列支持电商行业促进农业农村发展的政策措施。2014 年政府出台了一系列关于农村电子商务的利好政策。2017 年在中央一号文件《中共中央 国务院关于深入推进农业供给侧结构性改革加快培育农业农村发展新动能的若干意见》中农村电商被第一次单列出来，并紧锣密鼓地接连颁布了一系列政策，如《关于开展 2017 年电子商务进农村综合示范工作的通知》《关于深化农商协作大力发展农产品电子商务的通知》等。2018 年发布的《关于开展 2018 年电子商务进农村综合示范工作的通知》更是通过鼓励各地优先采取以奖代补、贷款贴息等资金支持方式，以中央财政资金带动社会资本共同参与农村电子商务工作，具体见表 3-2。

表 3-2 2017—2019 年我国农村电商相关政策公布

时间	政策文件	发布单位
2016 年 12 月	《关于深入推进农业供给侧结构性改革加快培育农业农村发展新动能的若干意见》	中共中央 国务院
2017 年 1 月	《关于印发"十三五"促进就业规划的通知》	国务院
2017 年 1 月	《关于印发〈贸易物流发展"十三五"规划〉的通知》	商务部等 5 部门
2017 年 2 月	《关于推进重要产品信息化追溯体系建设的指导意见》	商务部等 7 部门
2017 年 5 月	《关于开展 2017 年电子商务进农村综合示范工作的通知》	财政部 商务部
2017 年 5 月	《国务院办公厅关于印发兴边富民行动"十三五"规划的通知》	国务院办公厅
2017 年 8 月	《关于深化农商协作大力发展农产品电子商务的通知》	商务部 农业部
2017 年 12 月	《城乡高效配送专项行为计划（2017—2020 年)》	商务部等 5 部门
2018 年 5 月	《关于开展 2018 年电子商务进农村综合示范工作的通知》	财政部办公厅 商务部办公厅 国务院扶贫办综合司
2019 年 1 月	《关于开展 2019 年电子商务进农村综合示范工作的通知》	财政部办公厅 商务部办公厅 国务院扶贫办综合司
2019 年 2 月	《关于促进小农户和现代农业发展有机衔接的意见》	中共中央办公厅 国务院办公厅
2019 年 5 月	《关于建立健全城乡融合发展体制机制和政策体系的意见》	中共中央 国务院

国家对农村电商在政策方面的扶持从未间断过，农村电商的发展在国家战略中的地位越来越高，受到高度重视。国务院及各有关部委出台多个文件，制定一系列政策措施支持农业与农村的道路交通、网络宽带、物流等基础设施建设，为电子商务在农业、农村的发展创造有利条件。此外，积极推进了电商法治建设，逐步规范市场秩序。如《食品安全法》《电子商务法》明确网络食品安全管理责任，促进了电子商务相关法规和标准的建设，营商环境日趋向好。

3.1.1.4 农村电商多元发展，线上线下齐头并进

随着农村网络交易规模的不断增长，农村电商交易模式也处于不断地探索、

发展之中，新的模式不断产生，农村电商运营模式主要包括以下几种：第一，B2C 类综合平台——如京东、苏宁易购等，将农产品从网站商家配送到消费者手中，同时将工业消费品销往农村地区。第二，C2C 类平台，以农村淘宝为代表，农村淘宝以电子商务平台为基础，充分利用县、村两级服务网络，发挥电子商务的渠道优势，突破物流、信息流的瓶颈，实现"农产品下乡"和"农产品进城"的双向流通功能。第三，社交平台、服务类（C2B、S2B2C），以云集、拼多多、美菜网为代表，大力发展移动电子商务，发展农村社交电商。第四，供应链服务类（B2B2C、B2M），以中农网为代表，中农网以"大生意，更容易"为使命，致力于将成熟的平台模式和供应链管理经验与农业深度融合、嫁接，打造新型农业生态圈，为产业链上下游参与者持续提供专业、有效、便捷的全程供应链服务（见表 3-3）。

表 3-3　目前中国农村主要电商模式

模式	内容	典型平台
B2C	网站对消费者	京东、苏宁易购
C2C	农民对消费者	农村淘宝
C2B、S2B2C	集合竞价订购模式	云集、拼多多、美菜团
B2B2C、B2M	供应链模式	中农网

3.1.1.5　农村电商发展面临挑战，披荆斩棘逐渐走向成熟

目前，我国农村基础设施建设薄弱。近些年来，随着国民经济的发展和国家对农村基础设施建设的加大投入，广大农村地区的基础设施不断完善，但是相对于农村电商的发展速度和发展规模，农村基础设施的建设仍处于滞后状态，尤其是农村交通运输和移动通信、互联网等基础设施仍是农村电商发展条件的一大短板。

农业和农产品标准化、规范化生产经营体系尚未建立，供应链有待完善。目前，我国大部分农村地区的农产品分散化生产和经营，阻碍了先进农业生产

设备和生产技术的推广应用，导致农业的生产效率进一步提升困难重重；农产品生产的溯源体系尚未建立，消费者对农产品质量不放心、不安心；农产品生产组织的规模化、标准化、规范化程度低，农产品同质化现象严重、农产品品牌建设意识淡薄，农产品的标准化体系不健全。农产品的标准化问题不解决，就会导致农产品供不应求或供大于求，供给与市场需求不匹配。小农户与现代农业和大市场之间难以有效地衔接。

农村电商人才严重缺乏。农村电商的发展需要大批精通电子商务技术的新型职业农民和专业人才。然而，农村电商人才极其缺乏，究其原因，主要有：一是农村电商作为一种新型的商业模式和销售渠道，要求从业人员具备较高的知识水平和操作技能，掌握信息技术，熟悉农业生产且有农产品的销售经验。目前，不少农村地区"老龄化、空心化"程度较高，留守人员的受教育水平普遍偏低，对新事物的接受和理解能力比较有限。二是农村电商人员的培养缺乏系统性，尚未形成自主、完整的培养机制，培训力度不够。三是人才引进难度较大。由于人才政策、区域位置及生活环境的差异，农村基础设施的落后，一些精通电子商务技术的人才不愿到农村去创业，使得基层政府引进电子商务人才变得比较困难，影响了农村电子商务的应用和发展。

金融服务对农村电商的支持力度不够。发展农村电商离不开金融服务的大力支持。当前，农村电商的融资渠道主要是银行。农村电商和银行本身的业务特点决定了银行在为农村电商提供金融支持和服务时会面临一些现实的困境，主要表现在以下几个方面：一是农村电商的有效资产抵押不足、担保能力弱。二是农村电商主体和银行之间信息不对称，银行放贷成本高、风险大。三是银行金融产品创新不足，制约了银行对农村电商的金融服务能力，无法满足农村电商的资金需求。农村金融发展滞后既有经济发展基础的根本性因素，也有我国金融制度构建不完善的因素，农村市场的不断发掘和开发对农村金融发展提出更高要求，急需制定更加有效的进一步推动农村金融发展的措施，助力农村电商发展。

农村电商未来竞争将更加激烈，跨境电商有待发展。中国既是农产品生产

大国又是消费大国，在国际农产品贸易中一直占据着很大的份额。自加入 WTO
后，中国的农产品出口一直呈现快速增长趋势，但中国农产品的贸易持续出现
逆差，我国农产品市场面临着进口农产品的冲击。

3.1.2　农村电商发展的特征

3.1.2.1　农村电商市场占比快速增长

近年来，农村网购市场份额快速增长，为电子商务的广泛运用打下了良好
的基础。2014 年全国农村网络零售额已达 1800.0 亿元，到 2017 年全国农村实
现网络零售额为 12 448.8 亿元，同比增长 39.1%。农村网店数达 985.6 万家，同
比增长 20.7%。进入 2018 年，农村地区网络零售规模仍在不断扩大，全国农村
网络零售额达到了 13 679.4 亿元，同比增长 9.89%，占全国网上零售额比重提
升至 15.18%，2019 年 6 月份全国农村销售额已达 7771.3 亿元，如图 3-3 所示。

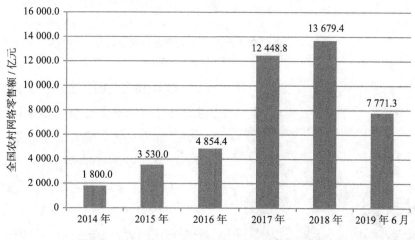

图 3-3　2014—2019 年 6 月全国农村网络零售额统计

3.1.2.2 区域差异化特征明显

农村电商规模分布不均衡，呈现出东强西弱的格局。2018 年东部地区农村网络达 9583.5 亿元，而中部、西部及东北农村网络零售额合计仅有 4089.3 亿元。东部农村网络零售额尽管明显高于其他地区，但其他地区的网络零售额发展势头也很足（图 3-4）。

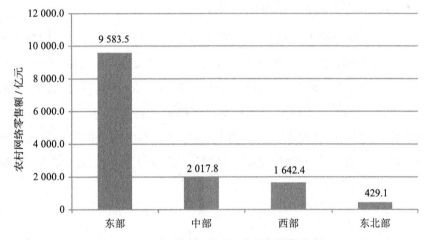

图 3-4 2018 年中国四个地区农村网络零售额

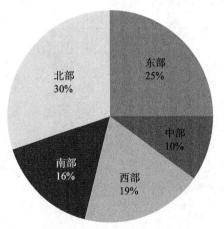

图 3-5 2018 年中国农村电商融资地域占比

统计数据表明，全国的"淘宝村"主要分布在 10 个省市，其中以浙江、广东、福建为主，绝大部分淘宝村位于县域经济发达的东部沿海地区。由于北京、上海、广州、深圳等地区凭借其独特的资源聚集优势，地处东部、南部、北部地区的农村电商可以获得较好的融资，西南地区地处偏远受限于经济发展水平，获得的融资较少（图 3-5）。

3.1.2.3　农产品电商化过程中，支付手段日趋网络化

在农村电子商务发展初期，农村电商参与者的信息技术水平不高、部分农产品和农副产品存在质量问题、物流运输效率较低，在各类资源受限的情况下，农村电商不具备完成 B2B 等完整形式的电子商务流程，但人们结合了电子商务与传统商务，以新的模式销售农产品。买方及卖方通过网络平台发布一些农产品及农资产品的供求信息和价格信息。通过互联网社交软件进行一些简单的信息交流，然后在线下进行交易合同的签订、钱货的交付。

在农村电子商务发展中期，产生了非支付型电子商务模式，也称营销网络化。指农产品销售信息的发布、质量价格的洽谈、合同的签订、信用评价等都通过网络平台来完成，在货物的运输、验收等无误后，买卖双方在线下进行货款的交付。即信息流与资金流分开，信息流在线上完成，资金流在线下完成。此类农村电商模式可以通过专业的农业网站或者综合性强的电子商务网站完成交易。

在农村电子商务发展的现阶段，信息技术的突破以及各类电商模式的发展，信息流和资金流都可以通过线上完成。大型零售网站平台、综合类 B2B 电子商务平台和农业网站等电商模式，都可以高效便捷地完成农产品及农业用品的各个环节。这些网站拥有一整套的销售流程、支付方式和信用体系。

3.1.3　农村电商发展中存在的问题

3.1.3.1　基础设施建设不完善，影响农村电商持续发展

第一，农村基础设施建设较为落后，农村互联网普及率不高，物流快递成本高，限制了农村电商发展。很多偏远农村没有网络的覆盖，许多农民消费者不会使用网络，没有办理网银支付，没有网上支付方式，而办理网银需要到银行办理，对网上支付方式不熟悉，很多农民怕麻烦不愿意办理。这些问题既限制了农村消费者的网购消费欲望，同时也限制了农村电商的发展。

第二，相比较城市物流成本，农村物流成本比较高。首先，配送成本比较高，

特别是在偏远山区，配送成本高过城市很多，同时运输困难导致效率较低；其次，物流快递返程多为空车，造成物流资源的大量浪费。

3.1.3.2　产品的标准与安全问题

目前农产品很难做到和工业品一样具有完善的标准体系，主要因为农产品生产具有分散性，造成同批次的农产品有差异。因为农产品标准化程度比较低，所以会出现很多农产品的安全问题。农产品中很多是食用的，因此生产放心的农产品是农村电商发展的重中之重。现在市场上出现许多"有机绿色"的农产品，各类认证也很多，很难分辨真伪。农产品的标准化进程如何迈进是农村电商发展的"重头戏"，农产品包装与农产品质量提高以及农产品安全问题的解决，是个漫长艰难的过程。

3.2　我国农村电商物流发展状况分析

3.2.1　农村电商物流发展的现状

随着"互联网＋物流"行业的不断成熟和农村交通基础设施的逐步完善，农村电商物流势不可挡地迎来了高速发展。连锁经营、物流配送、电子商务等新型流通方式不断拓展，传统物流向现代物流转型步伐加快，新兴的第三方物流企业快速成长，市场主体和投资主体多元化的格局初步形成。

近年来，农村电商行业发展十分迅速。随着农村电商的迅速发展，越来越多的农民借助电商脱贫致富，农村市场渐渐被"唤醒"。数据显示，2018年全国农村网络零售额达到1.37万亿元，同比增长30.4%；全国农产品网络零售额达到2305亿元，同比增长33.8%。到2019年，全国农村网络零售额达到1.5万亿元，农村电商行业市场前景十分广阔。城市快递系统已经趋于成熟的情况，意味着我国农村快递行业正面临着不错的发展机遇，同时在运作模式和管理机制方面也面临着压力。

3.2.1.1 国家政策的扶持为农村电商物流的发展提供了舞台

农业农村部开展了农村电子商务试点、信息进村入户工程和"互联网+"农产品出村进城工程,加上国家乡村振兴战略的实施,这些持续的政策红利促进了农村电商物流发展。

2015 年商务部发布了《电子商务物流服务规范》,规定了电子商务物流服务的服务能力、服务要求和作业要求;2016 年 3 月,商务部、发展改革委、交通运输部、海关总署、国家邮政局、国家标准委 6 部门共同出台的《2016—2020 年全国电子商务物流规划》中提出,到 2020 年基本形成布局完善、结构优化、功能强大、运作高效和服务优质的电商物流体系。这些法律法规对规范我国电子商务物流市场、推动我国电子商务物流行业的健康发展具有十分重要的意义。

2018 年的中央一号文件提出"深入实施电子商务进农村综合示范,加快推进农村流通现代化",对实施乡村振兴战略进行了全面部署,进一步为我国农村电商发展指明了方向。2019 年的中央一号文件持续提升了对电子商务、物流的重视程度。《意见》明确指出要继续开展电子商务进农村综合示范,实施"互联网+"农产品出村进城工程。《意见》还提出要实施村庄基础设施建设工程,全面推进"四好农村路"建设,完善县乡村物流基础设施网络,支持产地建设农产品贮藏保鲜、分级包装等设施,鼓励企业在县乡和具备条件的村建立物流配送网点……加强农产品物流骨干网络和冷链物流体系建设。从 2014—2019 年这5 年的中央一号文件不难看出,我国对农村电子商务物流的重视程度在持续提升。由此可知,从"三农"政策到"脱贫攻坚战"再到"乡村振兴战略",相关政策不断出台助推农村电商发展,越来越多的农民借助"互联网+农业"脱贫致富,农村电商已经成为乡村振兴新引擎。

近年来我国农村电商物流政策见表 3-4。

表 3-4 近年来我国农村电商物流相关政策

时间	政策文件	发布单位
2014 年	《物流业发展中长期规划（2014—2020 年）》	国务院
2015 年	《电子商务物流服务规范》	商务部
2015 年	《关于推进"快递向西向下"服务拓展工程的指导意见》	国家邮政局
2015 年	《关于促进农村电子商务加快发展的指导意见》	国务院办公室
2016 年	《2016—2020 年全国电子商务物流规划》	商务部等 6 部门
2016 年	《关于进一步加强农村物流网络节点体系建设的通知》	交通运输部
2018 年	《关于实施乡村振兴战略的意见》	中共中央 国务院
2018 年	《关于推进电子商务与快递物流协同发展的意见》	国务院办公室
2018 年	《关于开展 2018 年电子商务进农村综合示范工作的通知》	财政部
2019 年	《关于坚持农业农村优先发展做好"三农"工作的若干意见》	中共中央 国务院
2019 年	《关于开展 2019 年电子商务进农村综合示范工作的通知》	财政部、商务部

3.2.1.2 中央财政为农村电商物流业提供了强有力资金保障

中央财政计划对全国 200 个电子商务示范县给予 20 亿元资金的投入，着重扶持村级电子商务服务网点和县域电商服务中心的建设，建立县、乡、村三级物流配送服务，逐步推动农村物流和农村电商培训工作的开展。中央财政的大力支持，为物流业在农村的发展提供了强有力的保障。首先重点发展各个村镇，修建道路，大力实施"村村通"道路工程，一些农村土路纷纷改建成了水泥路面，人们的出行也日渐方便。继国家实行"村村通"道路计划后，国家邮政局联合发改委、财政部、农业农村部等 6 部门出台了《关于推进邮政业服务农村振兴的意见》，提出了在 2020 年之前实现"村村通"快递，确保农村配送业务全覆盖（表 3-5）。

3.2.1.3 农村电商物流蓬勃发展

随着互联网的高速发展，农村网民随之增加。中国互联网络信息中心（CN-NIC）2019 年 2 月发布的第 43 次《中国互联网络发展状况统计报告》显示，我

表 3-5　"四好农村路"建设各项指标率

"四好农村路"建设各项指标	指标数据
全国农村公路总里程	约 404 万千米
通乡镇硬化路率	99.64%
通建制村硬化路率	99.47%
建制村通客车率	96.50%
建制村直接通邮率	99.83%
全国乡镇快递网点覆盖率	95%

国农村网民规模占比达到 26.7 %，互联网普及率达 38.4%。伴随着农村网民数量逐年递增，农村网民使用网络购物的频率与网购交易额不断提升，网络零售企业规模不断扩大。阿里研究院发布的 2019 年淘宝村、淘宝镇名单显示，截至 2019 年 6 月，全国共有 4310 个淘宝村、1118 个淘宝镇。淘宝村广泛分布于全国 25 个省、自治区、直辖市，淘宝村在振兴乡村经济中扮演着越来越重要的角色。

农村网购规模的迅速扩大，催生了庞大的农村物流需求，2019 年天猫"双11"当日物流订单量高达 8.9 亿件，我国快递迈进了 1 天 10 亿件包裹的新时代。《国家邮政局关于 2019 年前三季度邮政行业经济运行情况的通报》显示，前三季度，邮政行业业务总量和业务收入分别增长 31.3% 和 21.3%，快递业务量、收分别增长 26.4% 和 24.1%，行业发展呈现出快速平稳、稳中提质的态势。2019 年，邮政企业采取交邮合作、定点帮扶、农品展销、打通销路等方式，惠及 335 个国家级贫困县 4.3 万户贫困家庭，平均为每户贫困户增收近 2000 元。全国共选育 700 余个精品农产品项目，配送农特产品进城 19.7 万吨，"快递下乡"工作持续推进。目前，全国乡镇快递覆盖率已达 95.2%，快递服务网络继续向下延伸。

3.2.1.4　电商与物流巨头助力发展农村电商物流

农村电商与农村物流的发展是相辅相成的。我国物流网点的乡镇覆盖率已由 2014 年初次推出"快递下乡"工程时的不足 50% 增至 2018 年的 91%；2019 年物流网点的乡镇覆盖率进一步增加，接近 95%。现阶段我国主要有以"三通一达"、顺丰为代表的民营物流公司，也有以中国邮政速递为代表的国有物流公司，它们都在积极助力发展农村电商物流。

一是"京东帮"。京东为了使自营物流体系网络深入农村以及解决大家电"最后一公里配送"进农村问题，推出了先锋站计划和"京东帮"服务店。继而又推出了农村电商"3F 战略"，包括工业品进农村战略、生鲜产品进城战略和农村金融战略。京东已建设近 600 家县级服务中心，招募农村推广员近 10 万人，1 000 家"京东帮"服务店投入运营，其服务范围覆盖近 30 万个行政村。

二是"通达系"。中通自 2015 年开始实施快递下乡服务，截至 2019 年年底，乡镇覆盖率已超过 90%。圆通研究院发布的《无人机现在与未来前景解析与快递物流业应用报告》中率先提出应用"共享无人机"解决农村偏远地区最后一公里运输难题。申通于 2017 年 2 月与县域农村电商安厨达成合作，一方面帮助安厨解决农产品"卖难""宣传难"问题，另一方面帮助消费者解决农产品"买难""鉴别难"问题。

三是顺丰速递。为助力农村电商物流发展，顺丰早在 2014 年就开启了下沉网点计划，将服务触手延长至农村地区。2016 年 9 月，顺丰与中国供销电子商务公司达成合作，与旗下的电商平台供销 e 家共同打造农产品物流服务。2017 年 6 月在江西赣州南康区开启无人机配送试运营工作，扩大服务范围，提升物流效率。此外，顺丰启动了"城市快递员回乡创业"计划。该计划的实施不仅实现了老快递员的创业梦想，降低了顺丰人员的管理成本，使得城市顺丰快递员趋于年轻化，还拓宽了顺丰的服务市场，实现了农村网络的布局。

四是中国邮政速递。中国邮政凭借着服务种类全、网点渠道多、长期服务城市社区及广袤的农村区域的系列优势，通过自营和加盟网点，使得邮政综合服务平台和城市共同配送平台在城乡得到大规模普及与发展。目前，我国已新建村邮站 17.1 万个，邮政企业在行政村一级的覆盖率约为 93%。在全国各省（市、县、区）设有邮政速递物流公司，邮政服务"三农"网点逐步形成了"连锁经营+配送到户+科技支撑"的农村快递物流综合服务模式,形成了"省—市—县—乡—村"五级分销配送网络服务体系,开辟了一条工业品下乡、农产品进城的新的流通渠道。

将物流网点下沉到每一个有购买力的乡镇和村,依靠物流网络建设扩大送货范围和提升送货速度是抢占农村电商市场先机的重要手段。推进电子商务向农村市场延伸物流网络的建设重点在于构建流通渠道和提升流通能力,而探索服务模式则是深挖农村电商市场商机的重要手段。

3.2.2　农村电商物流的经营模式

随着农村电商产业渗透率的不断提高,相关物流配送服务产业也日趋专业化、规模化。国内的电商企业在开拓农村消费市场的同时也纷纷创新农村电商物流的末端配送模式,目前,阿里巴巴、淘宝、京东商城、苏宁易购、乐村淘、村邮乐购等一批电商平台落地农村实体市场,形成了京东的自建物流模式、阿里巴巴的农村社区物流模式、顺丰与农村门店的合作模式等(表3-6)。电商平台的进驻不仅带动了农村电商的发展,同时也带动了农村经济的发展。

表3-6　农村电商物流模式

模式	运营规模
自建物流配送模式	京东自建物流配送模式于 2004 年初建立。2009 年京东成立了快递公司,建成了 4 个一级库房、15 个二级库房和 50 多个城市配送点,2011 年又建设了 7 个一级物流中心和 25 个二级物流中心,在大中城市形成了物流网络
农村社区物流模式	阿里巴巴早在 2014 年时,就搭建了"村淘+菜鸟"的农村物流体系,农村淘宝发展不是很好,菜鸟驿站在农村市场还是相当不错的。此外,村鸟也提供农村物流配送服务
合作配送物流模式	顺丰与农村门店的合作模式形成了"顺丰速运+顺丰优选+顺丰移动端布局+金融+农村 O2O"的全农村物流产业链模式,服务范围和内容,创建"嘿客"便利店开展农村全线布局,同时推动顺丰优选和顺丰速运协同发展开展产地直采模式,实现生鲜产品供应,通过闭环模式对物流成本控制,同时减少运输损耗营销方面采用线上线下同时进行,线上有门户网站和移动 App,线下有"嘿客"体验站

模式	运营规模
实体门店 O2O 自营加盟模式、新式乡村服务站	苏宁利用自身线下实体门店较多优势，通过互联网化转型，开展 O2O 模式，推动农村渠道下沉至县和乡村在网络布局方面，采用自营和加盟两种方式，以激发农村市场消费潜力为拓展服务范围，将大量售后门店改为乡村服务点

3.2.2.1 自建物流配送模式

自建物流配送模式是电商企业依据农村区域需求分布状况，自建配送网络（包括配送网点及配送人员），平台上销售的全部商品均由自建配送网络送达。其作业特征是客户服务满意度高，但网络构建初期投资成本较高、成本回收期长，成本支出用于购置或租赁一定规模配送车辆、建造或租赁仓库以及招聘配送员。

国内电商企业京东的自建物流模式是于 2004 年年初开始的。2011 年，京东每天网站的访问量交易额已经很大，用户遍布各地。到 2013 年 4 月底，京东的注册用户数超过 1 亿。京东依靠庞大的后台物流配送体系一直保持低价高质的优势，在电商领域占得一席之位。2009 年，京东成立了快递公司，建成了 4 个一级库房、15 个二级库房和 50 多个城市配送点，2011 年又建设了 7 个一级物流中心和 25 个二级物流中心，在大中城市形成了物流网络。最初，京东的物流只能够在一线城市配送，其他地区的配送依然运用第三方物流，随着近几年京东自建物流的发展，配送范围大大提升，但是它还是保留了与其他第三方物流的合作。一方面是因为，以京东物流现在的能力，无法全部实现自身配送，尤其是需要特殊资源的部分，是京东暂时力不能及的，所以第三方物流仍旧是重要的合作业务，不可能"一刀切"地全部砍掉。另一方面，京东与顺丰、中通、韵达和申通几家快递的关系非常密切，这几家也均与顺丰旗下丰巢快递柜有紧密的合作。

3.2.2.2 农村社区物流模式

农村社区物流模式是电商企业将平台配送业务外包给第三方物流企业,由物流企业承担商品配送任务,电商企业承担交易、支付、售后等服务内容的模式。该模式的前期投资额较少、成本回收期短,但物流企业服务能力的差异性导致客户服务水平参差不齐。

国家邮政局发布的 2019 年上半年快递数据显示,农村网络零售额和农产品网络零售额均比行业整体增速快近 5 个百分点,农村快递业务量超过 55 亿件,农村快递增速比城市高近 10 个百分点。在此背景下,无论是物流企业还是新创企业都看好农村物流市场的前景,比如村鸟、捷风物流等。阿里巴巴早在 2014 年时,就搭建了“村淘 + 菜鸟”的农村物流体系,但现在看来,农村淘宝的发展不是很好,但是菜鸟驿站在农村市场还是相当不错的。

3.2.2.3 合作配送物流模式

合作配送物流模式是电商企业与快递企业合作共建线下自助服务区或租用农村小店区域投放快递自提柜,电商客户可就近选择临近自提柜提取商品的模式。虽然该模式显著降低了网点运营成本及管理成本,但自提柜投资成本与用电成本较高,导致自提柜数量决策与分布网络设计较难协调,加之自提模式影响客户服务体验,对于塑造电商企业市场竞争力不利。

该模式以顺丰与农村门店的合作模式为主,顺丰的业务主要分为顺丰速运、顺丰优选这两类。顺丰优选服务已于 2019 年陆续停止,顺丰的物流业务一直是顺丰集团最主要的业务,经过多年的市场运作,已有强大的物流配送体系和扎实的基础设施,在市场上享有良好的口碑。顺丰速递的服务对象包括三类:第一类是为广大群众提供快递递送服务;第二类是为顺丰优选提供物流服务;第三类,顺丰的物流系统包括其仓储、配送、冷链等功能对整个电商市场是开放的。2014 年,顺丰再次进行商业模式创新,打造社区 O2O 服务平台,一举在多个城市开了 518 家“嘿客”门店,但最终未能取得成功。之后,顺丰开始布局农村物流体系,充分挖掘农村市场。

3.2.2.4 实体门店 O2O 自营加盟模式

实体门店 O2 自营加盟模式是以实体门店为发货"仓"，消费者可根据系统定位选择所在位置附近或者购物最为方便的门店。消费者下单后可到事先选好的门店取货，或者由门店的工作人员安排发货，将商品快递至手中。该模式的产品源自实体门店，与第三方电商平台销售的产品相比来自不同的生产线。

苏宁云技术优势明显，利用互联网思维对传统门店转型升级，通过 O2O 模式建设融合展示、体验、支付、配送为一体的线上和线下全流程服务体系，大量新式农村服务站为农村提供更多销售、物流以及售后服务，推动渠道进一步下沉。

总之，农产品作为一种比较特殊的商品，在运输过程中具有保鲜期短、易腐易损、物流成本高的特点，并且不同种类的农产品对于物流配送的具体要求标准也不尽相同，不同的农产品交易需要不同模式的物流服务来实现。那么，在发展农村电商物流时，就应根据交易需求的实际情况，对不同模式的物流服务进行选择，可以多种模式协同发展，通过合作互补短板，可以发挥物流配送的优势效率，节约经济成本，扩大配送范围，提高服务水平。

3.2.3 农村电商物流服务发展中存在的问题及难题

"黄金无足色，白璧有微瑕"，电商物流在农村开展虽呈现一片欣欣向荣之势，但仍存在发展难题，特别是目前，我国农村电商物流基础设施条件落后，配送资源较难整合，物流体系的服务品质、运输效率、安全性能等亟待提高。并且，由于农村农户零散型生产体系造成信息流通不畅，难以发挥电商物流的集聚优势效应。现代物流与农村电商存在相互制约的发展因素，农村物流发展的瓶颈难题势必会影响整个农村电商行业的持续发展。

3.2.3.1 农村电商物流服务发展中存在的问题

1）物流基础设施条件落后

我国物流行业的发展本身起步较晚，农村电商物流基本处在初始发展阶段，各项基础设施十分落后。因为我国农村大都地处偏远山区，交通闭塞，居住人口比较分散，网络覆盖率极低，物流配送难度相当大。并且农村在交通运输、车辆配置、仓储管理等物流基础设施建设上与城市相比差距太大，农村居民居住地与农产品货源地都相对分散，交通不便利，导致运输成本过高，且难以保证产品能够及时送达。调查显示，2016 年农村用户对物流环节的不满意程度远高于城市用户，17.6% 的用户抱怨快递无法送到家门口，47% 的用户认为发快递不方便。由于农村网络基础设施铺设有限，成本高昂。使用电脑网上购物的农民一直较少，直到手机移动网络普及后，才有越来越多的农民使用手机进行网上购物。但是相对城市来说，农村网上购物的用户数量还是很少，会使用网购平台购买商品的农村居民只有 10%。此外，仓储建设不完善常常会造成一些时令蔬菜、季节蔬果、新鲜海产等农副产品在配送过程中因无法保鲜而影响产品品质。农村物流运输中装卸和搬运等环节基本只能依靠人工，难以形成规模运输效应。这些制约因素都严重影响了农村电商行业的发展。

2）物流配送体系尚不健全

我国物流配送网络大部分覆盖至各县区市，很多乡镇村落还未覆盖，尤其是一些偏远山区物流服务还是一片空白。当前很多农村地区电商快递服务覆盖面仅仅停留在居民聚居的核心区域，较为偏远的地区则要求收件人上门取件。农村居民想要完成农产品的网络外销，还需依靠附近县区的物流站点委托发货。我国农产品具有农户多、规模散的缺点，加之传统农产品物流不太重视市场渠道的开拓，极容易造成农产品产销脱节的问题。若没有能够协调生产与销售的完善的物流配送体系，就难以保证物流运输、包装加工、装卸搬运、仓储管理等各个环节的顺利进行，会阻碍整个物流体系的有效运转，从而不利于农村电商行业的发展。2019 年，我国农产品物流总额达 4.2 亿元，但是仅在全社会物流总额中约占 1.45%。这说明农村物流、农产品物流相对落后，需要加以强化并不断投入人力物力进行建设，实现农村农产品仓储、快递物流的重新优化整合，解决农村物流分散和不成体系的问题。

3）物流技术仍不发达

农村电商物流技术尚未建成现代化的信息管理系统和冷链物流系统。因此在运输过程中不能保证水果等生鲜农产品的质量，严重影响了农村电商物流的配送服务效率。一件农产品"从田园到餐桌"需要经过生产、加工、包装、营销、配送、流通各个环节，要想将高品质的绿色食品送到消费者手中，需要有顺畅的绿色食品物流渠道。我国农产品多为鲜活易腐货物，物流以常温保存物流为主，相当一部分生鲜产品如水果、蔬菜等在运输仓储等物流环节中腐烂变质，损失率高达25%。

4）物流经营模式比较单一

农村地区由于地理位置、经济发展等因素受限，电商物流的经营模式比较单一。除中国邮政能提供配送服务至自然村一级，其他物流公司例如顺丰、圆通、申通、天天快递等只提供至县区一级配送服务。尽管这些年来，国家十分重视对农村物流行业的建设，但是政策落实效度却不太明显。村级物流发展问题的实质还是市场引导的问题，如果没有代表性的物流企业介入，无法形成多样化、协调发展的模式化经营体系，则难以实现农村物流服务水平的提升。

5）物流信息化水平相对低下

目前，我国农产品信息化网络建设落后，缺乏专业化运作的农业网站，缺乏数据库的搭建，农产品物流信息发布渠道较少，农村与乡镇之间缺乏有效的网络信息沟通手段。另外，由于农村地区互联网的覆盖率低及网络信号不稳定，第三方物流配送机构无法实现条形码技术、GPS定位、EDI技术等物流信息管理技术，这样会造成农产品在物流配送过程中无法实时监控甚至出现配送延迟、货物损坏、签收错误等现象，大大影响了物流配送的服务质量，成为农村电商物流发展的短板。

6）农村电商物流人才整体短缺且质量不高

第一，各电商企业在布局农村电商的同时，普遍面临人才短缺的现象。

2019 年，网经社旗下电子商务研究中心与赢动教育共同发布的《2018 年度中国电子商务人才状况调查报告》（以下简称《报告》）表明，目前 85% 的电商企业仍存在人才缺口。由于农村经济、文化生活、公共服务、基础设施等与城市存在较大差距，导致一些求职者不愿意投身农村物流。此外，农村电商物流人才离职现象严重。入驻农村的电商物流企业即便通过各种优惠政策吸引、招揽到一些优秀员工，大多也会因为超负荷的工作时间和工作强度等问题出现人才流失现象。调查表明，很多企业的客服、仓储等基础岗位员工平均工作年限不足一年，物流人员的流失率较高。

第二，物流人员的素质不能满足电商物流发展的需要。众所周知，现代物流业是劳动密集型和技术密集型相结合的产业，随着"互联网＋"时代的到来，传统的单一技能的物流人员已越来越不能满足农村电商发展的需求。农村电商的健康发展需要依托农民，然而农村人口的受教育程度较低，受过系统职业技术教育的人才更是不足。一些企业对电商物流从业人员的培训不到位，要么缺乏系统的培训，要么培训方式流于形式，没有高素质的从业人员来组建专业的物流服务团队来提供优质高效的服务。

3.2.3.2　实现双向流通的难题

推动"工业品下乡，农产品进城"，是商务部深入实施消费升级行动计划的重要内容。然而，在现实生活中却存在"只有农资、日用品下乡，而无农产品、再生资源进城；或只有农产品上行，而无农资、日用品下乡"这些现象。这种单向流通，返程空载，只会增加物流成本。此外，就说双向流通，实际上农村居民对于工业品的需求是日常性的，而农产品上行输送却呈现一定的季节性，一定程度的返空率是客观存在的。对于没有进行农产品开发的村庄，高返空率更是难免的。因此，如何实现双向满载是一个值得注意的问题，这就要求积极发挥商务工作联通内外、贯通城乡、对接产销的优势。通过农产品进城，提高农民收入，增强消费能力，通过工业品下乡，让农民能够买到质优价美的工业品，通过电子商务进农村，连接城乡市场，畅通流通渠道。农村消费还有很大的潜力，要开展城乡高效配送专项行动，打通"农产品进城、工业品下乡"的"最后一公里"。

1）工业品下乡过程中遇到的难题

电商平台在纷纷落地农村实体市场的同时，也在不断创新农村电商物流的配送模式，一批网购的工业品下乡通过干线运输至乡镇现在已经较为便利快捷，但从乡镇至村落农户的配送还较为不便。根据走访的十几个乡镇、村庄发现，快递配送点多集中在乡镇，很少深入村落，特别是偏远山村，村庄的快递取件都必须要到乡镇的快递站点，因此从网上购买的商品到达农户手中一般要5~7天甚至更久，而且一些快递取件时还经常遭遇二次付费等现象。造成农村配送物流服务效率低且成本高的主要原因是农村村落分散，村与村间距离远，特别是山区，导致配送路程长，耗油量大；且每个村购买量不大难成规模，致使单件快递的配送时间成本及经济成本都较城镇要高很多。电商平台工业品下乡的路径如图3-6所示。

图3-6 电商平台工业品下乡的路径

2）农产品上行进城过程中存在的难题

随着人们对食品安全的关注，城市居民对诸多健康营养的绿色农产品愈加喜爱，但却存在农户和城市居民供需双方互不相识、无法对接的问题。目前农产品供应与城市需求对接的重要通道是电商平台，农产品通过电商平台的上行路径如图3-7所示。

图3-7 电商平台农产品上行的路径

农村电商作为农村扶贫的新兴途径，对增加农民收入，促进农村经济发展有着重要的作用，但目前农产品上行存在以下难题。

其一，农产品供需对接难。农民缺乏市场信息，在整个农业周期中，"种什么，能销售多少以及能卖多少钱"，都面临着很大不确定性，供销信息非常不对称，市场波动很大。农民往往损失惨重，农产品大量滞销屡见不鲜，农户生产的农产品找不到买主。同时，消费者找不到出售优质农产品的卖家。如一些野生菌类、笋干等干货都是农民采摘后利用传统工艺进行晾制，绿色营养且口感极佳，但却因深居山区无法售出。另外，消费者因时间、距离等各种客观因素无法寻到这些优质农产品。同时很多网上销售的农产品因其溯源困难，假冒伪劣产品众多，大大影响优质农产品的销售，影响农民的收入。

其二，中国农业小规模、分散化的特点导致其无法有效对接大市场。与美国的标准化、工业化的农业不同，中国的农业生产绝大多数还是分散的小规模耕作，加之中国的农业人口比例还很大，土地相对分散，标准化程度偏低，不同的果园区别显著，成熟的时间也不一致，这种非标准化的状态与工业化运营脱轨，即使使用了工业化的方式来运作，流通和分发的效率也极低。对农民来说，小农户如何对接大市场，一直是中国农民增收、农业发展的根本挑战。类似情况下，日韩采取了综合农协模式来做农产品上行。综合农协以专业农户和兼业农户为基本成员，以乡镇为覆盖地域，以互助合作为基础，为农户会员提供购销、信用、加工、商业、农技推广、文化教育与福利事业等多类型综合服务的基层农民组织。中国目前没有综合农协，专业合作社功能也还需要不断完善，这种格局下，"电商平台＋新农人"应该是一种很现实的选择。

其三，农产品流通链较长，邮寄物流成本高。农产品上行目前主要有两种方式：传统线下物流与电商平台销售物流。农民到消费者之间，传统线下错综复杂的分销流通结构大大增加了农产品损耗，缩短了保质期。农产品从田间地头到城镇居民餐桌，要经历农民—农产品经纪人—大型批发商—商超供应商—大型超市、便利店—消费者等多个层级。这个过程一是周转环节多，农产品的保鲜度低；二是从产地到餐桌，层层加价，有的达30%以上，农民没有增收，市民没有买到便宜的农产品；三是经过层层流转，农产品损耗很大，把劳动成果变成无效消耗，造成很大社会浪费。在这种传统结构下，农民经常被迫提早收获农产品，或用化学品处理以延长保质期。消费者不仅要支付高价，还只能获得较差的产品。另一种形式下，农产品通过电商平台成功售出后，农户常需要跑到乡镇物流服务点进行邮寄，不仅路程远而且运费高，时间成本和经济成本都比城市寄件高很多。

3.3 我国农村电商物流的发展趋势

"电商 + 物流"是实施乡村振兴战略、培育乡村发展的重要抓手。未来的农村电商物流发展仍是由农村电商平台主导，以"大数据分析 + 云计算技术"为基础，构造购买、生产、供应、销售、配送、支付、融资与保险等多位一体的农村电商物流系统，通过人工智能技术等整合各个部分，推动农村电商与农产品物流之间的无缝衔接，形成有机结合体。

3.3.1 农村电商基础设施的建设日趋完善

"三农"问题一直是国家工作的重中之重，农村振兴战略的实施，使得国家和社会的资金、技术、人才及资源向农村倾斜，在未来发展中，仍由政府牵头，从政策支持、资金投入、税收减免等方面，积极鼓励企业进行投资建设，合理规划仓储、配送线路等物流网络建设，完善物流网络布局。以县为基础，推进农村电商园区和农产品物流园区建设，形成集聚效应，发挥辐射带动作用，切实提高物流运转效率，全面促进农村电商和农产品物流协同发展。

实现农村发展的信息化和农业生产的智能化，就是要建立与对外交流沟通平台，构建市场快速反应机制。通过人才培养、职业培训等多项举措提升农村居民劳动技能和素质，引导农村居民树立正确使用互联网信息技术的理念，避免互联网成为农村居民获取不良信息、虚假信息等负面信息的渠道，促进农户利用互联网提升思想、增强劳动技能等。农村基础设施的完善将促进农村电商发展，可以很好地带动农村产业和经济的发展，吸引大学生、退伍军人、外出务工人员大量返乡，投身当地农村电商的发展，推动人流、物流向农村流入，为农村电商的发展增添中坚力量。以"物流"吸引"人流"，再由"人流"创造"物流"，为农村电子商务的发展形成良性循环作用。

3.3.2 农业生产各要素、各环节全面迭代升级

农村电商的发展离不开农业生产各要素各环节的全面发展，主要发展趋势如下：

（1）农产品生产向标准化、规范化靠拢，向产业化、现代化的方向发展。不仅要提高农产品生产组织化、标准化和规模化程度，还要建立具有知名度的市场品牌，降低相互之间同质化竞争，扩大农户规模经营、合作生产，促使产品日益标准化、绿色化。还要注重提高农产品的附加值，通过提高产品质量来提高核心竞争力，为消费者提供满意的产品。在农村电商发展中，产品的口碑和品牌营销是关键，而故事化营销是实现这二者的关键。我国的农业已开始由"产品营销"向"品牌营销"迈进，同时也注重保护农村的生态环境，实现乡村振兴战略中"生态宜居"的目标。

（2）革新农产品流通模式，促使产业链升级，提高农业生产效率。传统农产品的流通环节繁杂，是导致成本提高的重要因素，而互联网技术提高了信息获取的效率和对等性。将农产品产业链进行纵向整合，直接将消费者与农业生产者联系，打破原始的流通环节壁垒，依托便捷的互联网发布信息、处理订单、安排生产、分配资源，供应链中的所有环节几乎可以在第一时间从互联网上获得所需信息，加快了生产和交易的速度，缩短了农业经营主体与消费者之间的距离，在提高农业产值的同时也提高了农业生产潜力。

（3）优化农业资源配置，促进农业产业结构调整，减少生产盲目性，降低自然风险和市场风险。农村电商要学会运用大数据分析的技术手段，介入农产

品"产供销"的各个环节，有效减少甚至消除农业市场的信息不对称现象，为农业生产者及时地提供全方位的市场情况和自然气候信息，使生产者根据市场供求关系和自然资源状况，通过隐形的调控，有针对性地实施生产，减少盲目性，促进农产品产量、品质以及农业生产效率的提高，激励农林牧副渔全面发展，迫使不适销品种淘汰，从而降低自然风险和市场风险，改变"菜贱伤农、菜贵伤民"的局面，倒逼农业产业结构优化调整。

（4）加快现代农业创新发展，促进农业与其他产业融合。传统农业粗放的资源驱动型增长方式早就难以为继，在农村振兴战略下政策引导下，"互联网＋农村电商"结合大数据分析、云计算技术，带动产前、产中和产后各个领域和环节的融合创新。"互联网＋农村电商"的迅速发展正迫使现代农业、工业与服务业融合力度增加，以农产品的产供销为纽带，将农业生产者、工业制造者与服务业从业人员，农业智能装备、物流链及互联网设备连接在一起，实现人与人、物与物以及人与物的高效融合连接（图3-8）。

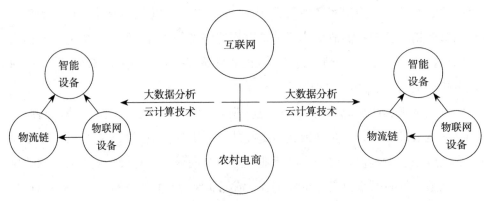

图3-8 "互联网＋农村电商"各要素关系

3.3.3 "大数据平台＋智能系统"开创农村电商新思路

农村电商并不是单纯地依靠互联网平台买卖农产品，通过网络搜集到大数据，再根据大数据去分析、调整生产和销售状态，才是农村电商的核心内容。

随着信息化技术在物流行业的应用，很多物流工具都具有信息化和数字化的特点，如自动化的选货、拣货系统、射频识别技术（RFID）、智能化的仓储和搬运设备及配备全球定位系统（GPS）的运输工具。实现系统的数字化、信息化、智能化及采用灵活的传输设备和物流线路是实现物流和仓储自动化的趋势，而这些智能化的设备将产生大量有价值的数据，通过运用大数据相关应用技术，可以实现仓储设备利用率及布局结构的合理优化，进一步提升仓储系统运作效率。

通常，农村电商与农产品物流的协同发展离不开智能信息技术和物联网技术等信息技术的应用。根据农村电商物流发展的需求建立网络信息平台，使需求信息和供给信息及最新出台的国家的方针政策都能通过网络信息平台实现信息共享。还要制定和完善电信、广播电视、互联网，电子商务交易等方面的法律法规。此外，建立一体化网络信息平台，要建立区域统一的大数据物流网络信息公共平台和网络信息库。可以通过现有大型、优势物流企业竞争选定，也可以由政府投资建立区域物流中心信息平台，让所有环节信息集中于这个大数据信息公共平台，集交易支付结算、跟踪、信用评价及物流信息实时发布等功能于一体。依据区域统一的大数据物流网络信息平台，收集互联网数据信息，接收国家物流与采购联合会的物流数据信息以及相关行业物流数据信息，与各省市区物流数据信息横向对接，在区域内运用大数据技术收集物联网、车联网、市县物流中心、物流目标客户、农产品与农业生产资料等物流数据信息，并通过对各种物流数据信息的分级、分类、整合、存储，建立起智慧物流、快捷物流，用区域大数据物流网络信息库所收集的数据信息为区域体化物流网络信息平台和网络信息管理平台建设提供支撑（图3-9）。

总之，通过"大数据平台 + 智能系统"，可以获得农村居民对于产品选择数量的需要、质量的要求、运输方式的选择、客户满意度的评判等信息，通过这些数据，电商平台可以及时调整自己的经营思路和经营方向，也可以指导农户和农企及时调整方向，规避市场风险，寻找更适合自己的农村电商发展道路。

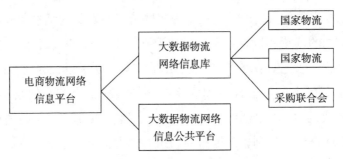

图 3-9　农村电商物流网络信息平台构成

3.3.4　农村电商企业与物流企业协调共生技术的互通、共享以及创新

由于农村电商的兴起，中国当前物流业最大的商机转而落在了农村。农村电商的发展给物流行业带来了新的机遇与挑战，"农产品进城"与"工业品下乡"使得物流成了联系城乡的纽带。因此，加强双方协调共生技术的互通、共享以及创新，建立良好的伙伴关系有助于改善成员之间的交流，有利于实现共同的期望和目标，减少外在因素的影响和相应造成的风险，提高解决冲突的能力。

农村电商想要提高自身的竞争优势，有必要与同处供应链中下游的物流企业形成"抱团式"共生发展的模式。这就要求它们通过相互配合、相互依靠实现企业结构调整、优化升级，进而达到降低成本、提高效率的目的。因此，农村电商物流业务的对接不应该仅局限于订单的确认、发送快递包裹这个过程中，而是需要双方保持彼此的相互信任，保持信息通畅，以此为基础推动企业之间的亲密合作。在加强技术互通、共享以及创新过程中，应注重合作双方科研能力的不断提高以及相关技术的协同研发，与此同时，还要注意市场需求动向的变化以及相关竞争对手状态，从而有效响应与满足市场动态变化。这样，双方共同搭建农村物流平台，打造物流配送网络，分区域布置网点，资源、信息共享，就大大减少了配送成本，有效增强企业核心竞争力。因此，这样的互惠共生关系决定了农村电商与物流企业继续合作的必要性。

3.4　小结

农村电商是促进新时期农村经济高质量发展的重要保证，对于拉动内需，提升农民生活水平具有重要意义。现阶段农村电商物流已变成制约农村电商发展最大阻碍。本章结合资料查找和实地调研，分析了我国农村电商的发展现状、特征及存在的问题，在此基础上，深入剖析了我国农村电商物流的发展现状、经营模式、存在的问题及难题，最后针对我国农村电商和农村电商物流发展的短板结合当前国内形势，对未来道路进行了判断和选择。

第4章 农村电商物流服务的演化博弈

本章在农村电商物流发展现状及存在问题的基础上，进一步研究通过博弈分析如何优化农村物流服务质量。但双方能否顺利实现合作与提高服务质量受到众多因素影响。因此，本章利用政府与物流企业间的演化博弈分析，分析投入成本、超额收益与罚款金额等因素对双方共同构建的影响。为促进双方合作推动农村未来发展并逐步提高农村物流服务体系的服务质量水平，引进第二模型物流企业与乡村物流服务网点的博弈分析，进一步分析对其博弈结果的影响因素。最终提出具有针对性的方法与建议，为双方的长远发展和优化农村电商物流服务提供理论参考。

4.1 政府与物流企业合作的演化博弈分析

4.1.1 演化博弈模型假设

在该博弈体系中，我们将从政府与物流企业的视角进行讨论，博弈的出发点基于以下两个部分：第一，政府基于自身机构利益与社会利益两方面利益诉求的考虑；第二，物流企业对于实现资产增值以及自身利益的最大化的追求。基于上述认识，本章研究根据利益相关者与演化博弈模型构建的相关理论对模型构建提出如下基本假设。

4.1.1.1　博弈主体

在乡村振兴战略下将政府与物流企业作为本部分博弈模型的主体，由于双方对市场信息的反应能力、处理效率、价值观取向和分析推理能力均具有不完全理性和信息不对称的特征，且博弈双方对策略选择和收益是不确定的，只能根据自身认知能力和所掌握信息作出决策，所以不可能一次博弈便得到最优决策。若想达到最优策略，双方需要不断根据合作与不合作的策略选择进行重复博弈，从中吸取教训并不断根据内外部环境调整自身策略，最终达到纳什均衡。

4.1.1.2　行为策略

假设政府可选择两种策略：一是实施支持策略，二是不支持策略。物流企业可选择的策略，一是参与构建策略，二是不参与构建策略。政府实施"支持"策略，是指政府通过采取政策引导、资金支持、完善基础设施等政策推动物流企业参与到农村电商建设并提高服务质量的发展中；政府采取"不支持"策略指的是政府对此无任何鼓励支持的政策。物流企业采取"参与构建"策略时，需要加大对农村物流服务点构建和管理的成本，并可能获得较高的收益；当物流企业采取"不参与构建"时不愿参与到农村电商物流的构建，导致其获得较低的收益。

4.1.1.3　策略选择及参数

（1）政府选择"支持"策略的概率为 x、选择"不支持"策略的概率为 $1-x$；物流企业选择"参与构建"策略的概率为 y、选择"不参与构建"策略的概率为 $1-y$。

（2）当政府支持构建农村电商物流服务体系时，在一个多年期包含政府自身利益和社会整体利益的原始收益 T 的基础上获得额外收益 Δr，同时承担对物流企业投入各类财政优惠政策成本 C_1；政府不支持构建时不提供资金补贴。

（3）当物流企业采取参与构建策略时，在原有收益 E 的基础上获得预期收益 Δe，同时物流企业积极参与构建时所承担的投入成本为 C_2。

（4）当物流企业拿到政府的扶持资金后选择不参与构建农村电商物流时，政府对其处以罚款 N，且满足 $N > C_1$。以上各符号及其说明见表4-1。

表 4-1　符号及符号说明

符号	符号说明
T	代表政府多年期的原始收益
Δr	代表政府与物流企业合作构建时政府获得的额外收益
C_1	代表政府对物流企业投入各类财政优惠政策成本
E	代表物流企业的原始收益
Δe	代表物流企业采取参与构建策略时获得的预期收益
C_2	代表物流企业积极参与构建时所承担的投入成本
N	代表在政府支持时对不参与构建的物流企业处以的罚款

基于以上所有假设条件，构建出政府与物流企业之间的非对称对称演化博弈矩阵，见4-2。

表 4-2　政府与物流企业之间的收益矩阵

政府策略	物流企业策略	
	参与构建（y）	不参与构建（$1-y$）
支持（x）	$T + \Delta r - C_1, E + C_1 - C_2 + \Delta e$	$T - C_1 + N, E + C_1 - N$
不支持（$1-x$）	$T, E + \Delta e - C_2$	T, E

4.1.2　模型构建

由于政府和物流企业在重复博弈过程中的信息是不完全对称的，因此双方需要不断地重复博弈，物流企业可根据政府是否支持构建农村电商物流政策来判断进入农村物流市场所获得的利益是否大于政府的资金补贴和投入成本，以此来进行最优选择。以下为政府与物流企业的演化策略博弈分析。

4.1.2.1　政府策略选择的收益

根据政府与物流企业之间的收益矩阵可得：

政府选择"支持"策略的期望收益：

$$U_n = y(T + \Delta r - C_1) + (1-y)(T - C_1 + N) \tag{4-1}$$

政府选择"不支持"策略的期望收益：

$$U_{12} = yT + (1-y)T \tag{4-2}$$

政府选择"支持"和"不支持"两个策略的平均期望收益：

$$\overline{U}_1 = xU_{11} + (1-x)U_{12} = x[y(T + \Delta r - C_1) + (1-y)(T - C_1 + N)] + (1-x)[yT + (1-y)T] \tag{4-3}$$

根据演化博弈的复制动态方程，政府选择支持或不支持策略的比例变化速度 $F(x)$ 为：

$$
\begin{aligned}
F((x)) = \frac{\mathrm{d}x}{\mathrm{d}t} &= x(U_{11} - \overline{U}_1) = x(1-x)(U_{11} - U_{12}) \\
&= x(1-x)\big[y(\Delta r - N) + N - C_1\big]
\end{aligned}
\tag{4-4}
$$

4.1.2.2　物流企业策略选择的收益

根据政府与物流企业之间的收益矩阵（表 4-2），物流企业选择"参与构建"策略的期望收益：

$$U_{21} = x(E + C_1 - C_2 + \Delta e) + (1-x)(E + \Delta e - C_2) \tag{4-5}$$

物流企业选择"不参与构建"策略的期望收益：

$$U_{22} = x(E + C_1 - N) + (1-x)E \tag{4-6}$$

物流企业选择"参与构建"和"不参与构建"两个策略的平均期望收益：

$$\overline{U}_2 = yU_{21} + (1-y)U_{22}$$

$$= y[x(E+C_1 - C_2 + \Delta e) + (1-x)(E + \Delta e - C_2)] +$$

$$(1-y)[x(E + C_1 - N) + (1-x)E] \tag{4-7}$$

根据演化博弈的复制动态方程，企业选择参与构建或不参与构建策略的比例变化速度 $F(y)$ 为

$$F(y) = \frac{dy}{dt} = y(U_{21} - \overline{U}_2) = y(1-y)(U_{21} - U_{22})$$

$$= y(1-y)\big[x(N-E) + \Delta e - C_2\big] \tag{4-8}$$

4.1.3 演化稳定策略分析

复制动态微分方程实际上是描述某一特定策略在一个种群中被采用的频数或频度的动态微分方程。根据复制动态微分方程式 4-1、式 4-2，可联立方程组令 $[F(x)=0, F(y)=0]$，得到博弈系统 $S=\{(x, y), 0{\leqslant}x, y{\leqslant}1\}$ 在平面内的局部均衡点，这五个均衡点分别为：（0,0）、（1,0）、（0,1）、（1,1）和 $D = (x^*, y^*)$ 即

$$\left(\frac{C_2 - \Delta E}{N - E}, \frac{C_1 - N}{\Delta r - N} \right) \tag{4-9}$$

4.1.3.1 政府策略的演化稳定性分析

政府的复制动态方程式为 $F(x) = \dfrac{dx}{dt} = x(1-x)[y(\Delta r - N) + N - C_1]$，对 $F(x)$ 求导得 $F'(x) = \dfrac{dF(x)}{dt} = (1-2x)[y(\Delta r - N) + N - C_1]$，根据微分方程的稳定性定理及演化稳定策略的性质可知，当 $\dfrac{dF(x)}{dt} < 0$ 时，x 为演化稳定策略，此时对 $\dfrac{C_1 - N}{\Delta r - N}$ 的不同情况进行分析讨论（见图 4-1）。

（1）当 $y = \dfrac{C_1 - N}{\Delta r - N}$ 时，令 $F(x) = 0$，此时对于所有的 x 都是稳定均衡状态；若 $y \neq \dfrac{C_1 - N}{\Delta r - N}$ 时，令 $F(x) = 0$，得 $x=0$，$x=1$ 为可能的均衡状态。

（2）当 $y > \dfrac{C_1 - N}{\Delta r - N}$ 时，可知 $F(x) > 0$，且 $F'(x)|_{x=1} < 0$，此时 $x=1$ 为稳定策略，政府采取支持的策略。

（3）当 $y < \dfrac{C_1 - N}{\Delta r - N}$ 时，可知 $F(x) < 0$，且 $F'(x)|_{x=0} < 0$，此时 $x=0$ 为稳定策略，政府采取不支持的策略。

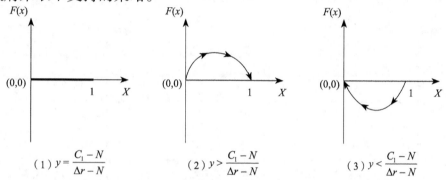

图 4-1　政府策略的演化稳定性分析

4.1.3.2　物流企业策略的演化稳定性分析

政府的复制动态方程式为 $F(y) = \dfrac{\mathrm{d}y}{\mathrm{d}t} = y(1-y)[x(N-E) + \Delta e - C_2]$，对 $F(y)$ 求导得 $F'(y) = \dfrac{\mathrm{d}F(y)}{\mathrm{d}t} = (1-2y)[x(N-E) + \Delta e - C_2]$，根据微分方程的稳定性定理及演化稳定策略的性质可知，当 $\dfrac{\mathrm{d}F(y)}{\mathrm{d}y} < 0$ 时，y 为演化稳定策略，此时对 $\dfrac{C_2 - \Delta e}{N - E}$ 的不同情况进行分析讨论（见图 4-2）。

（1）当 $x = \dfrac{C_2 - \Delta e}{N - E}$ 时，$F(y) = 0$，此时对于所有的 y 都是稳定均衡状态；若

$x \neq \dfrac{T_2 + M - \beta C}{M}$ 时，令 $F(y) = 0$，得 $y=0, y=1$ 为可能的均衡状态。

（2）当 $x > \dfrac{C_2 - \Delta e}{N - E}$ 时，可知 $F(y) > 0$，且 $F'(y)|_{y=1} < 0$，此时 $y=1$ 为稳定策略，物流企业采取参与构建农村电商物流体系的策略。

（3）当 $x < \dfrac{C_2 - \Delta e}{N - E}$ 时，可知 $F(y) < 0$，且 $F'(y)|_{y=0} < 0$，此时 $y=0$ 为稳定策略，政府采取不参与构建农村电商物流服务体系的策略。

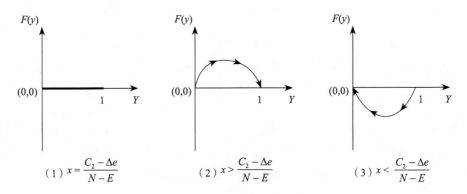

$$(1)\ x = \dfrac{C_2 - \Delta e}{N - E} \qquad (2)\ x > \dfrac{C_2 - \Delta e}{N - E} \qquad (3)\ x < \dfrac{C_2 - \Delta e}{N - E}$$

图 4-2　物流企业策略的演化稳定性分析

4.1.3.3　政府与物流企业合作的演化稳定性分析

政府与物流企业的演化博弈过程由该微分方程系统来描述，如下：

$$\begin{cases} F(x) = \dfrac{\mathrm{d}x}{\mathrm{d}t} = x(1-x)\big[y(\Delta r - N) + N - C_1\big] \\[2mm] F(y) = \dfrac{\mathrm{d}y}{\mathrm{d}t} = y(1-y)\big[x(N - E) + \Delta e - C_2\big] \end{cases} \tag{4-10}$$

根据 Friedman 的方法，雅可比矩阵的局部稳定性可以分析得到微分系统中均衡点的稳定性，因此本书对 $F(x)$ 和 $F(y)$ 分别关于 x 和 y 求偏导，构建政府与物流企业博弈模型的雅可比矩阵：

$$J = \begin{bmatrix} \dfrac{\partial F(x)}{\partial x} & \dfrac{\partial F(x)}{\partial y} \\ \dfrac{\partial F(y)}{\partial x} & \dfrac{\partial F(y)}{\partial y} \end{bmatrix} = \begin{bmatrix} (1-2x)\big[y(\Delta r - N) + N - C_1\big] & x(1-x)(\Delta r - C_1) \\ y(1-y)(N + \Delta e - E - C_2) & (1-2y)\big[x(N-E) + \Delta e - C_2\big] \end{bmatrix}$$

$$(4\text{-}11)$$

矩阵 **J** 的行列式为

$$\begin{aligned} Det(J) = &(1-2x)\big[y(\Delta r - N) + N - C_1\big](1-2y)\big[x(N-E) + \Delta e - C_2\big] - \\ &y(1-y)(N + \Delta e - E - C_2)x(1-x)(\Delta r - C_1) \end{aligned}$$

$$(4\text{-}12)$$

矩阵 **J** 的迹为

$$Tr(J) = (1-2x)\big[y(\Delta r - N) + N - C_1\big](1-2y)\big[x(N-E) + \Delta e - C_2\big] \quad (4\text{-}13)$$

表 4-3 是将 5 个均衡点分别代入雅可比矩阵对应的矩阵行列式和迹表达式。

表 4-3　系统均衡点对应的矩阵行列式和迹表达式

均衡点	行列式	迹
$(0,0)$	$(N - C_1)(\Delta e - C_2)$	$(N - C_1)(\Delta e - C_2)$
$(1,0)$	$-(N - C_1)(N - E + \Delta e - C_2)$	$-(N - C_1) + (N + \Delta e - E - C_2)$
$(0,1)$	$-(\Delta r - C_1)(\Delta e - C_2)$	$(\Delta r - C_1) - (\Delta e - C_2)$
$(1,1)$	$(\Delta r - C_1)(N - E + \Delta e - C_2)$	$-(\Delta r - C_1) - (N + \Delta e - E - C_2)$
(x^*, y^*)	$\dfrac{(N - C_1)(\Delta r - C_1)(N + \Delta e - E - C_2)(C_2 - \Delta e)}{(\Delta r - N)^2(N - E)^2}$	0

根据政府与物流企业的动态演化博弈过程所示，表 4-4 中不同约束条件下的均衡策略对政府与物流企业之间策略的选择有着重要启示。下面对约束条件进行具体情况分析。

表 4-4 不同约束条件下的局部稳定性分析

序号	约束条件		(0, 0)	(1, 0)	(0, 1)	(1, 1)	(x*, y*)
1	$\Delta e > C_2$ $N > C_1$ $\Delta r > C_1$ $N + \Delta e > C_2 + E$	Det (J)	+	−	−	+	
		Tr (J)	+	不确定	不确定	−	
		稳定性	不稳定	鞍点	鞍点	ESS	
2	$\Delta e > C_2$ $N > C_1$ $\Delta r > C_1$ $N + \Delta e < C_2 + E$	Det (J)	+	+	−	+	
		Tr (J)	+	−	不确定	+	
		稳定性	不稳定	ESS	鞍点	不稳定	
3	$\Delta e > C_2$ $N > C_1$ $\Delta r > C_1$ $N + \Delta e > C_2 + E$	Det (J)	+		+		
		Tr (J)	+	不确定	−	不确定	
		稳定性	不稳定	鞍点	ESS	鞍点	
4	$\Delta e > C_2$ $N > C_1$ $\Delta r > C_1$ $N + \Delta e < C_2 + E$	Det (J)	+	+	+	+	−
		Tr (J)	+	−	−	+	0
		稳定性	不稳定	ESS	ESS	不稳定	鞍点
5	$\Delta e > C_2$ $N < C_1$ $\Delta r > C_1$ $N + \Delta e > C_2 + E$	Det (J)	−	−	+	+	
		Tr (J)	不确定	不确定	+	−	
		稳定性	鞍点	鞍点	不稳定	ESS	
6	$\Delta e > C_2$ $N < C_1$ $\Delta r < C_1$ $N + \Delta e < C_2 + E$	Det (J)	−	+	−	+	
		Tr (J)	不确定	−	不确定	+	
		稳定性	鞍点	ESS	鞍点	不稳定	
7	$\Delta e > C_2$ $N < C_1$ $\Delta r > C_1$ $N + \Delta e < C_2 + E$	Det (J)	−	+	+	−	
		Tr (J)	不确定	−	+	不确定	
		稳定性	鞍点	ESS	不稳定	鞍点	
8	$\Delta e > C_2$ $N < C_1$ $\Delta r < C_1$ $N + \Delta e > C_2 + E$	Det (J)	−	−	−	−	
		Tr (J)	不确定	不确定	不确定	不确定	
		稳定性	鞍点	鞍点	鞍点	鞍点	
9	$\Delta e < C_2$ $N < C_1$ $\Delta r < C_1$ $N + \Delta e < C_2 + E$	Det (J)	+	−	−	+	
		Tr (J)	−	不确定	不确定	+	
		稳定性	ESS	鞍点	鞍点	不稳定	
10	$\Delta e < C_2$ $N < C_1$ $\Delta r > C_1$ $N + \Delta e > C_2 + E$	Det (J)	+	+	−	−	
		Tr (J)	−	+	不确定	不确定	
		稳定性	ESS	不稳定	鞍点	鞍点	

序号	约束条件		(0,0)	(1,0)	(0,1)	(1,1)	(x^*, y^*)
11	$\Delta e < C_2$ $N < C_1$ $\Delta r > C_1$ $N + \Delta e < C_2 + E$	Det (J)	+	−	+	−	
		Tr (J)	−	不确定	+	不确定	
		稳定性	ESS	鞍点	不稳定	鞍点	
12	$\Delta e < C_2$ $N < C_1$ $\Delta r > C_1$ $N + \Delta e > C_2 + E$	Det (J)	+	+	+	+	−
		Tr (J)	−	+	+	−	0
		稳定性	ESS	不稳定	不稳定	ESS	鞍点
13	$\Delta e < C_2$ $N > C_1$ $\Delta r < C_1$ $N + \Delta e < C_2 + E$	Det (J)	−	−	+	+	
		Tr (J)	不确定	不确定	−	+	
		稳定性	鞍点	鞍点	ESS	不稳定	
14	$\Delta e < C_2$ $N > C_1$ $\Delta r > C_1$ $N + \Delta e > C_2 + E$	Det (J)	−	+	−	+	
		Tr (J)	不确定	+	不确定	−	
		稳定性	鞍点	不稳定	鞍点	ESS	
15	$\Delta e < C_2$ $N > C_1$ $\Delta r < C_1$ $N + \Delta e > C_2 + E$	Det (J)	−	+	+	−	
		Tr (J)	不确定	+	−	不确定	
		稳定性	鞍点	不稳定	ESS	鞍点	
16	$\Delta e < C_2$ $N > C_1$ $\Delta r > C_1$ $N + \Delta e < C_2 + E$	Det (J)	−	−	−	−	
		Tr (J)	不确定	不确定	不确定	不确定	
		稳定性	鞍点	鞍点	鞍点	鞍点	

情形 I：政府选择不支持策略，物流企业选择不参与构建策略。

在第 9、10、11 种约束条件下，系统的演化稳定点为（0,0），对应的演化稳定策略为政府选择不支持策略，物流企业选择不参与策略。

由前述假设可知，$N < C_1$ 表示在政府采取支持构建政策下，对物流企业不作为的行为处以的罚款收益小于政府对物流企业提供的资金支持；$\Delta e < C_2$ 表示物流企业参与构建后的预期额外收益小于其投入成本。

因此，当满足约束条件时 $N < C_1$，$\Delta e < C_2$ 时，无论政府的期望收益是否

大于资金补贴成本，物流企业参与构建的利润是否大于不参与时的收益，双方主体最终的策略选择都会是均衡点（0,0），即政府由于支持物流构建农村电商物流时对企业采取不参与行为处以的罚款金额小于政府提供的资金支持，因此政府采取不支持的策略；而物流企业由于参与构建时获得的额外收益小于其投入成本，这使得物流企业不愿承担较大的风险去投资获利较小的农村物流体系，因此物流企业选择不参与构建策略。其演化相位图如图4-3所示。

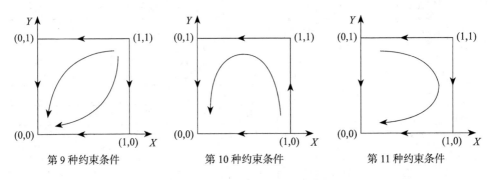

第9种约束条件　　　　　第10种约束条件　　　　　第11种约束条件

图4-3　第一种情形下的演化相位图

情形Ⅱ：政府采取不支持策略，物流企业采取参与构建策略。

在第3、13、15种约束条件下，系统的均衡稳定点ESS为（0,1），对应的演化稳定策略为政府对构建农村电商物流体系实施不支持政策，物流企业选择参与构建策略。$\Delta e < C_2$表示物流企业参与构建后的预期额外收益大于其投入成本；$\Delta r < C_1$表示政府支持构建时的额外收益小于对物流企业的资金扶持成本。

因此，在$\Delta e < C_2$，$\Delta r < C_1$约束条件成立时，无论政府获得的罚款是否大于资金补贴成本，物流企业在参与构建时的盈余是否大于不参与合作时的利润，最终政府与物流企业的均衡点会趋向于（0,1）。即政府出于农村物流服务体系构建的考虑，为了实现农村经济持续稳定发展，起初会选择实施支持构建的策略，对物流企业提供资金补贴、政策倾斜上的支持。但由于政府的一系列资金支持成本高于政府的对于社会经济发展和政府声誉的预期收益，因此政府会

选择不支持策略。而物流企业投入农村物流市场后的收益高于企业在前期投入的资金成本，因而物流企业最终会选择参与构建农村物流体系。其演化相位图如图 4-4 所示。

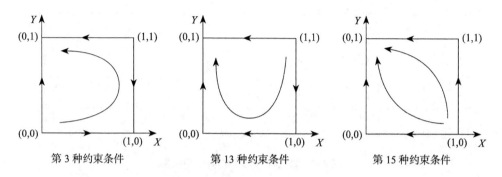

図 4-4　第二种情形下的演化相位图

情形Ⅲ：政府实施支持政策，物流企业实施不参与构建策略。

在第 2、6、7 种约束条件下，系统的均衡稳定点 ESS 为（1,0），对应的演化稳定策略为政府实施支持政策，物流企业实施不参与构建策略。此时，$N > C_1$ 表示在政府采取支持构建的政策下对物流企业不作为的行为处以的罚款大于政府对物流企业提供的资金支持；$N + \Delta e < C_2 + E$ 即 $\Delta e - C_2 < E - N$ 表示物流企业采取参与构建策略后的期望收益减去构建经营成本低于企业的原始收益减去政府对其不作为处以的罚款。

因此只有同时满足 $N > C_1$ 和 $N + \Delta e < C_2 + E$ 时，无论政府的期望收益是否大于财政补贴成本，物流企业的期望收益是否低于建设成本，最终双方政府与物流企业的均衡策略都为（1,0）。即政府实施支持政策时，对物流企业构建农村物流体系给予资金支持援助，如果企业得到资金补贴后不进行构建，政府则会对企业处以罚款，且罚款金额高于其补贴成本；政府在实施不支持政策时，政府除了长期的固定收益外将不会得到额外收益，也不会使农村电商物流获得长远发展，因此政府的最优策略为实施支持政策。而物流企业由于参与构建后

的利润小于其不参与构建后的经济利益，因此物流企业在面对这种情形时会选择不参与无作为的决策。其演化相位图如图4-5所示。

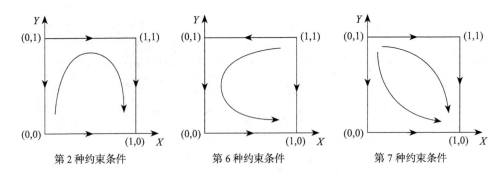

第2种约束条件　　　　　　第6种约束条件　　　　　　第7种约束条件

图4-5　第三种情形下的演化相位图

情形Ⅳ：政府选择支持策略，物流企业选择参与构建策略。

在第1、5、14种约束条件下，系统下的稳定均衡点 ESS 为（1,1），对应的演化稳定策略为政府选择实施支持的策略，物流企业选择参与构建的策略。$\Delta r < C_1$ 表示政府支持构建时的额外收益大于对物流企业的资金补贴成本；$N + \Delta e < C_2 + E$ 即 $\Delta e - C_2 < E - N$ 表示物流企业采取参与构建策略后的期望收益减去构建经营成本高于企业的原始收益减去政府对其不作为处以的罚款。

当 $\Delta r < C_1$ 与 $N + \Delta e < C_2 + E$ 恒成立时，不管 $N < C_1$ 和 $\Delta e > C_2$ 是否成立，政府与物流企业的均衡解依然是（1,1），即物流企业参与构建农村物流体系所获得额外收益增加的同时伴随着政府实施支持政策时额外收益的增加。此时政府由于期望收益大于财政补贴成本，使得其支持物流企业参与到农村物流构建的动力增加，物流企业也倾向于参与其中，这有利于实现双方主题的获利，进而推动农村经济的增长。

政府出于持续发展农村经济的考虑，选择实施支持构建的政策，对物流企业提供资金补贴、政策扶持上的倾斜，物流企业考虑自身发展的未来趋势，提早进军农村物流将有可能占领更多的市场份额，因此对于物流企业在政府扶持情况下参与构建农村物流服务体系符合其以利益最大化为目标的原则。如果单靠物流企业采取自营方式构建而不去寻求第三方或采取加盟的合作方式构建，企业将承担较高的投入成本风险。此时如果政府的资金补贴高于物流企业的投入成本，那么企业的行为选择在政府实施支持政策下进行参与构建最为有利。物流企业构建农村物流后，企业的主动性会随着获得额外收益的增加而增加，只要企业选择参与行为时的期望收益稳定且大于不参与构建时的期望收益水平，即使政府后来不再提供给物流企业财政补贴，物流企业也有根据自己已经占有的市场份额和盈利水平等，自主选择参加构建策略。其演化相位图如图 4-6 所示。

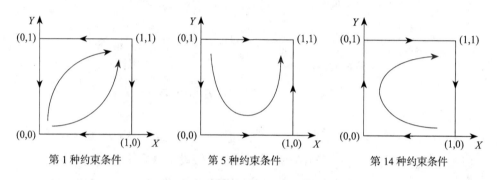

图 4-6　第四种情形下的演化相位图

　　情形 Ⅴ：在第 8、16 种约束条件下，演化博弈复制者动态方程存在五个平衡点，每个平衡点的稳定性都表明没有演化稳定策略，博弈双方都选择了混合策略。在这种情况下，政府对物流企业提供的资金补贴越高，物流企业选择不参与构建的可能性也就越大；由于物流企业参与构建农村物流具有很高的投入风险，那么政府在支持发展的前提下会加重对不参与构建企业的罚款。

　　政府首先行动，由于物流企业投身建设农村物流体系会对农村经济的增长——税收、就业率等产生积极影响，因此政府会选择支持策略，对物流企业提供更多的支持。物流企业参与构建策略，会获得政府给予的资金补贴，如果因为较高的投入成本风险而选择不参与构建策略，则会被政府处于罚金，因此物流企业要想占领农村物流市场更多市场份额就需要参与构建。在构建过程中要投入高额的建设成本、经营成本和机会成本等，如果进军农村电商物流后的收益不理想，甚至参与构建前的利润小于不参与构建前的盈利，此时物流企业会选择不参与构建的策略。因此政府和物流企业动态博弈结果就是都选择混合策略，其演化相位图如图 4-7 所示。

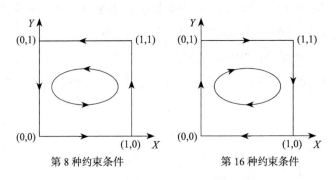

第 8 种约束条件　　　　　　　　第 16 种约束条件

图 4-7　第五种情形下的演化相位图

情形Ⅵ：在第 4 种约束条件下，该系统存在两个演化稳定点（1,0）、（0,1）。（0,1）、（x*, y*）和（1,0）三点连接成折线 L，假设折线左上方称为区域 M，右下方称为区域 N。折线 L 为系统收敛于不同状态的临界点，在折线 L 左上方，系统收敛于（0,1），即政府选择不支持策略，物流企业选择参与构建策略；在折线 L 右下方，系统收敛于点（1,0），即政府选择支持策略，物流企业选择不参与构建策略。政府与物流企业如何选择，取决于区域 M 和 N 的面积大小，若 $S_M > S_N$，系统将会向（0,1）方向演化，即双方采取（不支持，参与构建）；若 $S_M < S_N$，系统将会向（1,0）方向演化，即双方采取（支持，不参与构建）；若 $S_M = S_N$，则表示（消极政策，创新）和（积极政策，不创新）两者的选择策略的概率一样大。其演化相位图如图 4-8 "第 4 种约束条件" 所示。

在第 12 种约束条件下，该系统存在两个演化稳定点（1,1）、（0,0），表明当双方的超额收益大于成本时，系统可能朝着构建方向演化也有可能向不构建方向演化，（x*, y*）点的初始位置直接影响了演化结果的策略选择。如果政府所收取的罚款小于其支持构建的投入成本，政府会选择 "不支持"，此时物流企业也会由于参与构建的收益低于投入成本而选择"不参与"的策略，此时双方的决策为（不支持，不参与）；当政府支持构建时获得的额外收益大于对物流的资金补贴时，物流企业由于参与构建获得的收益大于不参与构建获得的收益时，那么最终物流企业与政府都会做出合作的决策（支持，参与）。其演化相位图如图 4-8 "第 12 种约束条件"所示。

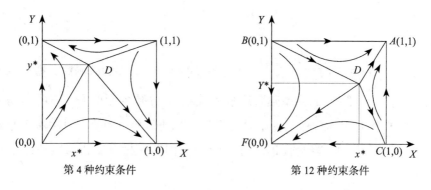

图 4-8　第一种情形下的演化相位图

4.1.4　双方合作的影响因素分析

由于政府与物流企业的策略选择受众多因素的影响，所以双方的演化博弈结果可能同时存在（1,1）或（0,0）的状态。由第 12 种约束条件下的演化相位图可知，演化结果最终趋向于哪一方，由 $ABDC$ 与 $FCDB$ 的面积大小决定。当 $S_{ABDC} > S_{FCDB}$ 时，演化博弈结果倾向于（1,1）；当 $S_{ABDC} < S_{FCDB}$ 时，演化博弈结果倾向于（0,0）。因此，本小节将探讨不同变量对政府与物流企业选择合作构建农村物流体系的影响。

$$S_{ABDC} = 1 - \frac{C_1 - N}{2(\Delta r - N)} - \frac{C_2 - \Delta E}{2(N - E)} \tag{4-14}$$

4.1.4.1 政府的投入成本对演化结果的影响

在 $\Delta r > N$ 的前提下，政府对物流企业投入各类财政优惠政策成本越小，双方采取合作的可能性就越大；在 $\Delta r < N$ 的前提下，政府的投入成本越大，双方合作的可能性就越大。

证明：对 S_{ADBC} 求关于 C_1 的导数，得

$$\frac{\partial S_{ADBC}}{\partial C_1} = -\frac{1}{2(\Delta r - N)} \qquad (4\text{-}15)$$

（1）当 $\Delta r > N$ 时，$\dfrac{\partial S_{ADBC}}{\partial C_1} < 0$，即 S_{ADBC} 是关于 C_1 的减函数，博弈双方演化结果倾向于（1,1）的概率随政府投入成本 C_1 的减少而增加。表明在满足政府的额外收益大于其对物流企业的罚款金额的基础上，当政府对物流企业的资金援助成本越小时，将会促进双方共同合作构建农村电商物流服务体系的可能性。

（2）当 $\Delta r < N$ 时，$\dfrac{\partial S_{ADBC}}{\partial C_1} > 0$，即 S_{ADBC} 是关于 C_1 的增函数函数，S_{ADBC} 随着 C_1 的增加而增加。当政府的额外收益小于对物流企业不参与时的罚款数额时，政府投入构建农村物流体系的成本越高，双方策略选择更趋向于（1,1）。

4.1.4.2 物流企业积极参与构建时的投入成本对演化结果的影响

当 $N > E$ 不变时，物流企业参与构建农村物流时所投入的建设经营成本越低，双方共同选择（1,1）策略的概率就越高；在 $N < E$ 不变时，物流企业投入的成本越高，双方合作构建的可能性就越大。

证明：对 S_{ADBC} 求关于 C_2 的导数，得

$$\frac{\partial S_{ADBC}}{\partial C_2} = -\frac{1}{2(N - E)} \qquad (4\text{-}16)$$

（1）当 $N > E$ 时，$\dfrac{\partial S_{ADBC}}{\partial C_2} < 0$，$S_{ADBC}$ 是关于 C_2 的减函数，即 S_{ADBC} 随着 C_2

的增加而减少，当 C_2 增加，S_{ADBC} 减小，系统演化到稳定点（1,1）的概率也就越小。这表明当物流企业欺骗资金补贴被政府发现时所处以的罚款金额大于其原始收益时，物流企业的投入成本如果在其承受范围之内，则会增加双方采取（1,1）策略的可能性，最终选择构建农村物流服务体系的策略。

（2）当 $N < E$ 时，$\dfrac{\partial S_{ADBC}}{\partial C_2} > 0$，$S_{ADBC}$ 是关于 C_2 的增函数，即 S_{ADBC} 随着 C_2 的增加而增加，当 C_2 增加，S_{ADBC} 增加，系统演化到稳定点（1,1）的概率也就越大。这表明当满足物流企业的原始收益大于其可能面临的罚款金额的前提条件下，物流企业参与构建乡村物流体系时的投入成本越大，博弈双方最终选择合作的概率也就越大。

4.1.4.3　物流企业参与构建时的预期收益对演化结果的影响

当满足 $N > E$ 时，物流企业获得的预期收益越高，双方选择（支持，参与构建）策略的概率就越高；当满足 $N < E$ 时，物流企业随着额外收益的减少，双方采取合作的可能性就越大。

证明：对 S_{ADBC} 求关于 Δe 的导数，得

$$\frac{\partial S_{ADBC}}{\partial \Delta e} = \frac{1}{2(N-E)} \tag{4-17}$$

（1）当 $N > E$ 时，$\dfrac{\partial S_{ADBC}}{\partial \Delta e} > 0$，$S_{ADBC}$ 是关于 Δe 的增函数，即 S_{ADBC} 随着 Δe 的增加而增加，当 Δe 增加，S_{ADBC} 随之增加，系统演化到稳定点（1,1）的概率也就越大。这表明当物流企业欺骗资金补贴被政府发现时所处以的罚款金额大于其原始收益时，物流企业参与构建后的预期收益越大，博弈双方最终选择合作的概率也就越大。

（2）当 $N < E$ 时，$\dfrac{\partial S_{ADBC}}{\partial \Delta e} < 0$，$S_{ADBC}$ 是关于 Δe 的减函数，当 Δe 减小，S_{ADBC} 随之增加，系统演化到稳定点（1,1）的概率也就越大。这表明政府对物流企业的罚款金额较低时，且小于物流企业的原始收益，其会随着预期收益的减

少而逐渐选择不参与构建策略，最终博弈双方选择合作的概率也就逐渐减小。

4.1.4.4　政府支持物流企业构建所获得额外收益（Δr）对演化结果的影响

当满足 $C_1 > N$ 条件时，政府所获得的额外收益越多，双方选择（1,1）策略的概率越高；当满足 $C_1 < N$ 条件时，政府获得的额外收益与双方的策略选择相反。

证明：对 S_{ADBC} 求关于 Δr 的导数，得

$$\frac{\partial S_{ADBC}}{\partial \Delta r} = \frac{2(C_1 - N)}{(2\Delta r - 2N)^2} \tag{4-18}$$

（1）当 $C_1 > N$ 时，$\frac{\partial S_{ADBC}}{\partial \Delta r} > 0$，即 S_{ADBC} 是关于 Δr 的单调递增函数，Δe 越大，S_{ADBC} 就越大。这表明当政府支持构建时的投入成本大于罚款收入时，政府的期望收益越高，双方选择合作的概率越高。

（2）当 $C_1 < N$ 时，$\frac{\partial S_{ADBC}}{\partial \Delta r} < 0$，即 S_{ADBC} 是关于 Δr 的单调递减函数，Δe 越小，系统演化到稳定点（1,1）的概率也就越大，这表明当政府支持构建的资金投入成本小于对物流企业的罚款收入时，政府的期望收益越低，双方选择合作的概率就越高。

4.1.4.5　物流企业的原始收益（E）对演化结果的影响

当符合 $C_2 > \Delta e$ 要求时，物流企业的原始收益越多，双方选择（1,1）策略的概率越高；当满足 $C_2 < \Delta e$ 条件时，物流企业的原始收益越少，双方的策略选择更倾向于合作。

证明：对 S_{ADBC} 求关于 E 的导数，得

$$\frac{\partial S_{ADBC}}{\partial E} = \frac{2(C_2 - \Delta e)}{(2N - 2E)^2} \tag{4-19}$$

（1）当 $C_2 > \Delta e$ 时，$\dfrac{\partial S_{ADBC}}{\partial E} > 0$，即随着原始收益 E 的减少，S_{ADBC} 也会逐渐减小，双方的策略选择也会逐渐趋向于（0,0）。说明当物流企业的投入成本大于预期收益时，如果其原始收益 E 越低，则双方采取合作策略的概率就越小。

（2）当 $C_2 < \Delta e$ 时，$\dfrac{\partial S_{ADBC}}{\partial E} < 0$，即 S_{ADBC} 是关于原始收益 E 的单调减函数，S_{ADBC} 随着 E 的减小而增加，双方策略选择趋向于（1,1）的概率也会上升。说明物流企业的投入成本小于预期收益时，随着原始收益 E 的减少，物流企业与政府双方采取合作策略的概率就越大。

4.1.4.6　政府对物流企业的罚款金额（N）对演化结果的影响

当满足 $C_1 > N$；$C_2 > \Delta e$ 的条件时，罚款金额越大，双方越倾向于合作；当满足 $C_2 < N$；$C_2 < \Delta e$ 的条件时，罚款金额越小，博弈主体更倾向于（支持，参与）的策略选择。

证明：对 S_{ADBC} 求关于 N 的导数，得

$$\frac{\partial S_{ADBC}}{\partial N} = \frac{2(C_1 - N)}{(2\Delta r - 2N)^2} + \frac{2(C_2 - \Delta e)}{(2N - 2E)^2} \tag{4-20}$$

（1）当时 $C_1 > N$；$C_2 > \Delta e$ 时，$\dfrac{\partial S_{ADBC}}{\partial N} > 0$，随着罚款数额的减少，$S_{ADBC}$ 会逐渐减小，双方的策略选择也会逐渐趋向于（0,0）。说明当政府的投入成本大于所获得的罚款金额与物流企业建设经营成本大于预期收益的条件同时成立时，罚款金额与双方主体的策略选择成正比关系。

（2）当时 $C_1 < N$；$C_2 < \Delta e$ 时，$\dfrac{\partial S_{ADBC}}{\partial N} < 0$，$S_{ADBC}$ 是关于罚款金额 N 的单调递减函数，当 N 减小时，S_{ADBC} 会逐渐增加，双方的策略选择也会逐渐趋向于（1,1）。说明当政府的投入成本小于所获得的罚款金额与物流企业建设经营成本小于预期收益的条件同时成立时，随着罚款金额的减少，双方选择合作的概率会增大。

4.2 物流企业和乡村物流服务网点协作与服务质量监督博弈分析

从上述模型中可得出，政府与物流企业的演化博弈为构建农村电商物流服务体系与服务质量优化打好了基础，政府为实现在乡村振兴战略下发展农展农村电商物流，通过采取完善农村的基础设施建设并资金援助物流企业合作发展的措施，使农村物流体系迅速发展。当政府与物流企业最终达成一致共同构建农村物流体系时，接下来便要解决农村物流服务质量中的问题。因此，本节将在政府与物流企业博弈模型的基础上，对物流企业与乡村物流服务网点协作与服务质量监督进行博弈分析。

随着我国第三产业的迅速发展，服务业在国民生活中的重要性也逐渐增加，同时伴随着物流服务供应链快速发展，而物流服务质量的优劣决定了是否可以给物流服务供应链上的各方主体带来更高的经济利益与社会信誉。但在现实生活中，部分物流企业只关注自身利益而忽视服务质量，这导致了物流服务供应链整体竞争力的下降,使物流企业的经营风险上升。该现象在农村地区尤为显著，农村电商物流服务质量的提升受到巨大阻碍,因此,在信息不完全对称的情况下，物流企业要对农村物流服务网点进行服务质量优化并进行监督。

国内外大多数研究学者已对物流服务协作与质量优化问题进行研究，尽管文献中对物流服务供应链的内涵与作用给出了不同的解释，但众多学者将物流服务集成商与供应商和制造企业或客户作为物流服务供应链重要组成部分。在其快速发展带动农村经济发展的同时也面临着诸多问题：其一是农村物流发展滞后，与城镇地区相比存在巨大差异，且众多物流企业为减少企业投资成本而降低物流服务质量；其二是农村电商物流服务效率低下，主要体现在农村地区由于地理位置受限，导致物流配送时间较长，长途运输后的快件质量得不到保障甚至遗失，物流服务网点的从业人员素质较低、服务质量较差，缺乏专业工作人员；其三是配送成本较高，由于农村地处偏僻物流服务网点缺少，导致物流配成本的上升；其四是物流信息更新不及时，使得消费者的网购体验和愉悦性受到影响，特别是部分小型物流企业的物流更新系统不准确，使顾客对物流服务质量评价存在偏差；其五是农村消费者对物流服务质量意识不足，绝大多数农村顾客在遇到自身权益受损对情况时不会给予追究，这使得农村物流网点的服务质量日趋低下。

因此，提升农村电商物流服务质量优化，对物流服务体系的质量监控与合作研究具有重要理论价值和现实意义。

4.2.1　物流企业与农村物流服务网点服务质量监督与协作过程

在农村物流服务体系运作合作过程中，双方主体包括物流企业和农村物流服务网点，通过对农村物流服务质量进行合作与监督，最终实现农村电商物流服务质量的优化。该过程如图 4-9 所示。

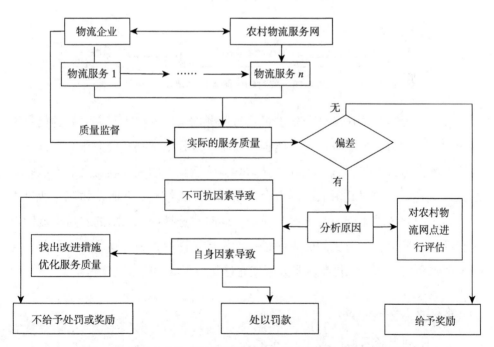

图 4-9　物流企业与农村物流服务网点服务质量监督与协作过程

4.2.2 博弈模型假设与构建

农村物流服务供应链上的所有企业都是相互独立的，具有理性人的思维特征，且每个企业都从自身局部利益出发，以利益最大化为最终目标。在由物流企业和农村物流服务网点组成的物流服务体系中，农村物流服务网点的服务质量水平与持续能力都是不完全信息，物流企业在与其合作时不能完全确保其保持较高的物流服务质量。因此物流企业为提高农村物流网点的服务质量，减少存在的风险损失，制订具有针对性的监督措施是必然的。

4.2.2.1 问题描述

本研究设定的博弈双方主体为物流企业与农村物流服务网点。物流企业即物流服务供应链中的物流服务集成商；农村物流服务网点即物流服务供应商，提供具体的物流服务。其具体的关系结构如图 4-10 所示。

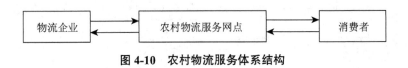

图 4-10　农村物流服务体系结构

物流企业将物流服务外包给农村物流服务网点后，由于双方之间的信息不完全对称，农村物流服务网点可能会选择合作或是出于利益最大化原则选择不完全合作的方式欺骗对方。当其选择欺骗策略后获得的额外收益大于不欺骗时的正常收益时，农村物流服务网点会主动选择欺骗策略。此时，物流企业可投入一定的监督成本来保证目标服务质量，同时对选择欺骗策略的农村物流网点进行罚款。所以，双方之间的策略选择就构成了博弈行为，物流企业有监督与不监督的策略选择，农村物流服务网点有欺骗与不欺骗的策略选择。

4.2.2.2 模型假设

首先，进行符号假设。

α 代表物流企业选择监督策略的概率，1−α 代表物流企业选择不监督策略的概率；β 代表农村物流服务网点选择合作不欺骗策略的概率，1−β 代表农村物流服务网点选择消极合作欺骗策略的概率；Δ_1 代表农村物流服务网点选择不欺骗策略时，物流企业的总收益；Δ_2 代表农村物流服务网点选择欺骗策略时，物流企业的总收益；M 代表制造商企业外包物流业务的单位物流价格；N 代表物流企业的单位物流服务成本；C 代表物流企业选择监督策略时所要投入的成本；E 代表农村物流服务网点不被监督时选择欺骗策略所获得的额外收益；F 代表农村物流服务网点选择欺骗策略时被物流企业发现受到的处罚金额；δ 代表物流企业对农村物流服务网点所提供物流服务质量的可测量程度；P 代表农村物流服务网点从物流企业那获得的固定报酬；γ 代表物流企业给农村物流服务网点制定的绩效报酬率；i 代表农村物流服务网点物流服务质量缺损率；D(i) 代表制造企业产品的市场需求率。

其次，对补充符号进行说明。

（1）δ：由于物流服务质量具有无形性、不易判断性，所以评判物流服务质量时要考虑可测量程度，且 $0<\delta<1$，因此引入 SERVQUAL 工具来使结论更加具有可靠性与有形性。

（2）i：指的是物流服务质量未达到目标服务质量的次数与所有服务次数的比，用来衡量农村物流服务网点完成物流服务情况的标准，当缺损率越小时代表服务质量越高，缺损率越大时代表服务质量越差。

（3）绩效报酬模式：假设物流企业支付给农村物流服务网点的报酬模式为绩效报酬方式，即农村物流服务网点的收益 = 固定报酬（P）+ 绩效报酬 $r(\Delta j-p)$，j =1 或 2。

假设制造企业的产品市场处于完全竞争且价格相对稳定时，制造企业选择物流企业进行运输，但由于物流服务质量的好坏与否直接影响着消费者的再次购买意愿，因此物流服务质量的好坏对制造企业的产品销售量和口碑有着重大影响，甚至影响物流企业的收益。根据农村物流服务网点服务质量的缺损率 i 和制造企业的产品需求率 D（i）构建函数，根据 Hill 等建立的函数得

$$\text{企业产品的需求率} = D(i) = \mathrm{e}^{-\gamma i} W \ (\gamma > 0,\ i > 0,\ W > 0) \tag{4-21}$$

式中，W 代表在一定时期内制造商企业产品的固定市场份额。根据消费者对市场上不同产品物流服务的质量敏感度对比得出，其代表该产品对农村物流服务网点所提供服务质量的敏感度，当 γ 越小时代表产品对服务质量的敏感度越低，反之代表对其服务质量越敏感。

假设农村物流服务网点在一定时间范围内的服务质量是恒定的，且 i 服从均值的指数分布，即

$$\text{服务质量水平} = F(i) = P(I \leqslant i) = 1 - \mathrm{e}^{-i/\lambda} \tag{4-22}$$

当农村物流服务网点完成合同任务时，$I \leqslant i$；相反则是没有达到目标服务标准要求，此时被物流企业认为存在欺骗行为并对其进行相应处罚。

假设物流企业在与能够提供较高服务质量或不能按合同达到服务质量水平的农村物流网点合作时的总收益等于单位利润与制造企业产品的市场需求率与服务质量缺损率的乘积，即

$$\Delta_1 = (M{-}N)D(i)P(I \leqslant i) \tag{4-23}$$

$$\Delta_2 = (M{-}N)D(i)P(I > i) \tag{4-24}$$

因此，将 $D(i)$ 与 $F(i)$ 代入可得

$$\Delta_1 = W(M{-}N)\,\mathrm{e}^{-\gamma i}(1 - \mathrm{e}^{-i/\lambda}) \tag{4-25}$$

$$\Delta_2 = W(M{-}N)\,\mathrm{e}^{-\gamma i}\,\mathrm{e}^{-i/\lambda} \tag{4-26}$$

4.2.3 模型构建

物流企业在博弈模型中可选择的策略为监督或不监督，农村物流服务网点同样可采取两种策略，即按照合同完成目标服务质量（不欺骗）或为谋取更多私利降低服务质量（欺骗）。针对物流企业与农村物流服务网点的不同策略选择进行探讨与分析。

（1）当物流企业选择监督策略，农村物流服务网点选择不欺骗策略即按照合同达到目标服务质量时，物流企业的收益为 $(1-r)(\Delta_1 - P) - C$，农村物流网点的收益为 $P + r(\Delta_1 - P)$。

（2）当物流企业选择不监督策略，农村物流服务网点选择不欺骗策略时，物流企业的收益为 $(1-r)(\Delta_1 - P)$，农村物流网点的收益为 $P + r(\Delta_1 - P)$。

（3）当物流企业选择监督策略，农村物流服务网点选择欺骗策略即为了获得更多额外收益而选择降低服务质量时，物流企业的收益为 $(1-r)(\Delta_2 - P) - C + \delta F$，农村物流网点的收益为 $P + r(\Delta_2 - P) + E - \delta F$。

（4）当物流企业选择不监督策略，农村物流服务网点选择欺骗时，物流企业的收益为 $(1-r)(\Delta_2 - P)$，农村物流网点的收益为 $P + r(\Delta_2 - P) + E$。

基于以后假设条件，构建物流企业与农村物流服务网点的博弈支付矩阵，见表 4-5。

表 4-5　物流企业与农村物流网点间的收益矩阵

状态（概率）		农村物流服务网点	
		不欺骗（β）	欺骗（$1-\beta$）
物流企业	监督（α）	$(1-r)(\Delta_1 - P) - C$, $P + r(\Delta_1 - P)$	$(1-r)(\Delta_2 - P) - C - \delta F$, $P + r(\Delta_2 - P) + E - \delta F$
	不监督（$1-\alpha$）	$(1-r)(\Delta_1 - P)$, $P + r(\Delta_1 - P)$	$(1-r)(\Delta_2 - P)$, $p + r(\Delta_2 - P) + E$

根据物流企业与农村物流服务网点之间的收益矩阵（表 4-5）可得

第一，物流企业策略选择的收益。

物流企业选择"监督"策略的期望收益：

$$S_{11} = \beta[(1-r)(\Delta_1 - P) - C] + (1-\beta)[(1-r)(\Delta_2 - P) - C + \delta F] \tag{4-27}$$

物流企业选择"不监督"策略的期望收益：

$$S_{12} = \beta[(1-r)(\Delta_1 - P)] + (1-\beta)[(1-r)(\Delta_2 - P)] \tag{4-28}$$

物流企业选择"监督"和"不监督"两个策略的平均期望收益：

$$\bar{S}_1 = \alpha\beta\big[(1-r)(\varDelta_1 - P) - C\big] + \alpha(1-\beta)\big[(1-r)(\varDelta_2 - P) - C + \delta F\big] + $$
$$(1-\alpha)\beta\big[(1-r)(\varDelta_1 - P)\big] + (1-\alpha)(1-\beta)\big[(1-r)(\varDelta_2 - P)\big] \tag{4-29}$$

对物流企业的平均期望收益求关于 α 的导数：

$$\bar{S}_1' = \beta\Big\{(1-r)\big[W(M-N)\mathrm{e}^{-\gamma i}(1-\mathrm{e}^{-i/\lambda}) - P\big] - C\Big\} + $$
$$(1-\beta)\Big\{(1-r)\big[(W(M-N)\mathrm{e}^{-\gamma i}\mathrm{e}^{-i/\lambda} - P\big] - C + \delta F\Big\} - $$
$$\beta\Big\{(1-r)\big[W(M-N)\mathrm{e}^{-\gamma i}(1-\mathrm{e}^{-i/\lambda}) - P\big]\Big\} - \tag{4-30}$$
$$(1-\beta)\Big\{(1-r)\big[W(M-N)\mathrm{e}^{-\gamma i}\mathrm{e}^{-i/\lambda} - P\big]\Big\}$$

令式（4.5）=0，得

$$\bar{S}_1' = -\beta C + (1-\beta)(-C + \delta F) = 0$$
$$\delta F(1-\beta) - C = 0 \tag{4-31}$$
$$\beta = 1 - \frac{C}{\delta F}$$

第二，农村物流服务网点策略选择的收益。

农村物流服务网点选择"不欺骗"策略的期望收益：

$$S_{21} = \alpha\big[P + r(\varDelta_1 - P)\big] + (1-r)\big[P + r(\varDelta_1 - P)\big] \tag{4-32}$$

农村物流服务网点选择"欺骗"策略的期望收益：

$$S_{22} = \alpha\big[P + r(\varDelta_2 - P) + E - \delta F\big] + (1-r)\big[P + r(\varDelta_2 - P) + E\big] \tag{4-33}$$

农村物流服务网点选择"不欺骗"和"欺骗"两个策略的平均期望收益：

$$\bar{S}_2 = \alpha\beta\big[P + r(\varDelta_1 - P)\big] + \beta(1-r)\big[P + r(\varDelta_1 - P)\big] + $$
$$\alpha(1-\beta)\big[P + r(\varDelta_2 - P) + E - \delta F\big] + (1-\beta)(1-r)\big[P + r(\varDelta_2 - P) + E\big] \tag{4-34}$$

对农村物流服务网点的平均期望收益求关于的导数：

$$\overline{S}' = \left\{ P + r\left[W(M-N)\mathrm{e}^{-\gamma i}(1-\mathrm{e}^{-i/\lambda}) \right] \right\} +$$
$$(1-r)\left\{ P + r\left[W(M-N)\mathrm{e}^{-\gamma i}(1-\mathrm{e}^{-i/\lambda}) - P \right] \right\} -$$
$$\alpha\left\{ P + r\left[W(M-N)\mathrm{e}^{-\gamma i}\mathrm{e}^{-i/\lambda} - P \right] + E - \delta F \right\} -$$
$$(1-r)\left\{ P + r\left[W(M-N)\mathrm{e}^{-\gamma i}\mathrm{e}^{-i/\lambda} - P \right] + E \right\}$$

$$(4\text{-}35)$$

令式（4.6）=0，得

$$\overline{S}_2' = r\left[W(M-N)\mathrm{e}^{-\gamma i}(1-2\mathrm{e}^{-i/\lambda}) \right] - E + \alpha\delta F = 0$$

$$\alpha = \frac{E + r\left[W(M-N)\mathrm{e}^{-\gamma i}(2\mathrm{e}^{-i/\lambda}-1) \right]}{\delta F}$$

$$(4\text{-}36)$$

由此可知物流企业与农村物流服务网点混合策略的纳什均衡：

$$(\alpha^*, \beta^*) = \left(\frac{E + r\left[W(M-N)\mathrm{e}^{-\gamma i}(2\mathrm{e}^{-i/\lambda}-1) \right]}{\delta F}, 1 - \frac{C}{\delta F} \right)$$

$$(4\text{-}37)$$

4.2.4　博弈结果的影响因素分析

已知博弈主体双方的纳什均衡，由于不同变量影响着博弈双方最终选择最优策略的概率，因此，本部分将探讨不同变量对物流企业与农村物流服务网点合作监督关系的影响。

（1）监督成本 C 对策略选择结果的影响。在其他因素一定的条件下，物流企业对农村物流服务网点的监督成本 C 越大，农村物流服务网点选择不欺骗策略按要求达到目标服务质量的可能性越小。

证明：$\dfrac{\partial \beta^*}{\partial C} = -\dfrac{1}{\delta F} < 0$，即 β^* 是关于 C 的减函数，β^* 随监督成本 C 的增加而减少。表明了当物流企业的监督成本如果过大而选择不监督策略时，农村物流服务网点有可能选择不按标准服务质量完成从而获得更多利益。与此同时，由于 $\beta^* \geq 0$，即 $1 - \dfrac{C}{\delta F} \geq 0$，所以表明只有当物流企业的监督成本小于等于对农

村物流服务网点选择欺骗策略处以的罚款时，监督才为有效。

为呈现更加直观的分析，现假设具体数值说明，由表 4-6 可知，在 δ 与 F 取值不变的情况下，物流企业监督成本从 50 上升至 200，同时农村物流服务网点选择不欺骗策略的概率也从 0.875 降到 0.5。

表 4-6 数值分析 1

数值假设	$\beta*$
$C = 50$, $\delta = 0.8$, F = 500	0.875
$C = 100$, $\delta = 0.8$, F = 500	0.750
$C = 150$, $\delta = 0.8$, F = 500	0.625
$C = 200$, $\delta = 0.8$, F = 500	0.500

（2）农村物流服务网点选择欺骗策略时获得的额外收益 E 对策略选择结果的影响。在其他因素条件不变的情况下，当农村物流网点采用降低服务质量方式来获取的额外收益越大时，$\alpha*$ 的值越会越大。

证明：对 $\alpha*$ 关于 E 的求导可得：$\dfrac{\partial \alpha^*}{\partial E} = \dfrac{\delta F}{\delta^2 F^2} = \dfrac{1}{\delta F} > 0$

可知，$\alpha*$ 是关于 E 的增函数，$\alpha*$ 随 E 变大而变大。表示农村物流网点为获得更多的经济利益而选择欺骗策略去获得更多额外收益时，物流企业选择监督策略的可能性会越大。

对 $\alpha*$ 式中的数值做出假设，$W = 100, M = 10, N = 5, \gamma = 2, \lambda = r = 0.5, i = 0.2$

表 4-7 数值分析 2

数值假设	$\alpha*$
$F = 500$, $\delta = 0.8$, $E = 100$	0.392
$F = 550$, $\delta = 0.8$, $E = 150$	0.517
$F = 600$, $\delta = 0.8$, $E = 200$	0.642

由表 4-7 可知，在 δ 与 F 取值不变的情况下，农村物流服务网点采取欺骗

策略而不被发现所获得的额外收益数值从 100 涨到 200，同时物流企业选择监督策略的概率也从 0.392 上升到 0.642。

（3）罚款成本 F 对策略选择结果的影响。在其他因素不变的情况下，农村物流服务网点选择欺骗策略时被物流企业监督发现所处以的罚款金额越大，$\alpha*$ 的值越来越小，$\beta*$ 的值越来越大。

证明：分别对 $\alpha*$ 与 $\beta*$ 关于 F 的求导可得

$$
\frac{\partial \alpha^*}{\partial F} = -\frac{E + r\left[W(M-N)\mathrm{e}^{-\gamma i}(2\mathrm{e}^{-i/\lambda}-1) \right]}{\delta F^2} \leqslant 0
$$
$$
\frac{\partial \beta^*}{\partial F} = \frac{C}{\delta F^2} \geqslant 0
$$

（4-38）

由该式可知，$\alpha*$ 是关于 F 的减函数，$\alpha*$ 随 F 变大而减小；$\beta*$ 是关于 F 的增函数，$\beta*$ 随 F 变大而变大。这表明物流企业对农村物流服务网点的处罚金额越高时，农村物流网点选择欺骗策略且被发现所承担的风险变大，那么其选择欺骗策略的可能性就会降小；同时，物流企业考虑到农村物流网点选择策略的变化也会相应改变选择监督策略的概率。

由表 4-8 可知，在 δ 与 E 取值不变的情况下，农村物流服务网点采取欺骗策略被发现所收到的处罚金额从 500 涨到 600 的同时，物流企业选择监督策略的概率也逐渐下降，从 0.392 下降到 0.327。当 δ 与 C 的取值不变时，物流企业发现农村物流网点不按合同要求履行目标服务质量时的处以的罚款数额从 500 增加到 600，农村物流网点选择不欺骗策略的概率也从 0.750 上升到 0.792。

表 4-8　数值分析 3

数值假设	$\alpha*$	$\beta*$
$F=500,\ \delta=0.8,\ E=100$	0.392	0.750
$F=550,\ \delta=0.8,\ E=100$	0.357	0.773
$F=600,\ \delta=0.8,\ E=100$	0.327	0.792

（4）可测量程度对策略选择结果的影响。在其他条件固定不变时，物流企

业对农村物流服务网点所提供物流服务质量的可测量程度越大，$\alpha*$ 的值越小，$\beta*$ 的值越来越大。

证明：分别对 $\alpha*$ 与 $\beta*$ 关于 F 的求导可得

$$\frac{\partial \alpha*}{\partial \delta} = -\frac{E + r\left[W(M-N)\mathrm{e}^{-\gamma i}(2\mathrm{e}^{-i/\lambda}-1)\right]}{\delta^2 F} \leqslant 0$$

$$\frac{\partial \beta*}{\partial \delta} = \frac{C}{\delta^2 F} \geqslant 0 \tag{4-39}$$

由式（4-39）可知，$\alpha*$ 是关于 δ 的减函数，$\alpha*$ 随 δ 变大而减小；$\beta*$ 是关于 δ 的增函数，$\beta*$ 随 δ 变大而变大。这表明，当物流服务质量的可测量程度越高时农村物流服务网点选择欺骗就越容易被发现，所以该网点按照目标服务质量完成服务的概率越高；而此时，物流企业考虑到农村物流网点行为变化的可能，故物流企业选择监督策略的概率会越小。

由表 4-9 可知，在 F 与 E 取值不变的情况下，物流企业对农村物流服务网点所提供物流服务质量的可测量程度从 0.8 涨到 0.9 时，物流企业选择监督策略的概率也逐渐下降，从 0.392 下降到 0.349。当 F 与 C 的取值不变时，对农村物流服务网点的可测量程度越高（0.8~0.9），农村网点选择按要求完成服务质量水平的概率也越高，从 0.750 增加到 0.778。

表 4-9　数值分析 4

数值假设	$\alpha*$	$\beta*$
$F=500,\ \delta=0.8,\ E=100$	0.392	0.750
$F=500,\ \delta=0.85,\ E=100$	0.369	0.764
$F=500,\ \delta=0.9,\ E=100$	0.349	0.778

（5）绩效报酬率 r 对策略选择结果的影响。在其他因素一定的条件下，不同服务质量水平的农村服务物流网点，所带来影响也不同。对于服务质量较高的农村物流网点 $\left(F(i)>\dfrac{1}{2}\right)$ 来说，绩效报酬率 r 越大，$\alpha*$ 的值就越小；当农村

物流网点拥有较低服务质量$\left(F(i)<\dfrac{1}{2}\right)$时，绩效报酬率 r 越小，α^* 的值就越小。

证明：$\dfrac{\partial \alpha^*}{\partial r}=\dfrac{r\left[W(M-N)\mathrm{e}^{-\gamma i}(2\mathrm{e}^{-i/\lambda}-1)\right]}{\delta F}$，

① 令 $\dfrac{\partial \alpha^*}{\partial r}<0$，得 $2\mathrm{e}^{-i/\lambda}-1<0$，即 $\mathrm{e}^{-i/\lambda}<\dfrac{1}{2}$

服务质量水平 $F(i)=P(I\leqslant i)=1-\mathrm{e}^{-i/\lambda}>\dfrac{1}{2}$

因此，当农村物流服务网点的服务质量水平 $F(i)>\dfrac{1}{2}$ 时，α^* 是关于 r 的减函数，即 α^* 随 r 的增大而减小。这意味着对于能够提供高质量服务水平的农村物流服务网点，如果物流企业为其提供的绩效报酬率越高，那么物流企业选择监督策略的可能性就越小。这同样说明越高的绩效报酬率，越会促使农村物流网点提高自身的服务质量，为提高客户满意度而做出巨大努力，从而增强物流企业对农村物流网点的信任度，而不需要采取监督策略来确保达到目标服务质量水平。

假设 $W=100$，$M=10$，$N=5$，$\gamma=2$，$\lambda=r=0.5$，$\delta=0.8$，$i=0.2$，$E=100$，$F=500$。

由表 4-10 可知，当农村物流服务网点的服务质量水平 $F(i)>\dfrac{1}{2}$ 时，绩效报酬率 r 的值从 0.5 增加到 0.6 的同时，物流企业选择监督策略的概率从 0.189 降到 0.165。

表 4-10　数值分析 5

r 值	α^*
0.50	0.189
0.55	0.183
0.60	0.177
0.65	0.171
0.70	0.165

②令 $\dfrac{\partial \alpha^*}{\partial r} > 0$，得 $2\mathrm{e}^{-i/\lambda}-1 > 0$，即 $\mathrm{e}^{-i/\lambda} > \dfrac{1}{2}$

所以，服务质量水平 $F(i) = P(I \leqslant i) = 1 - \mathrm{e}^{-i/\lambda} < \dfrac{1}{2}$

因此，当农村物流服务网点的服务质量水平 $F(i) < \dfrac{1}{2}$ 时，α^* 是关于 r 的增函数，即 α^* 随 r 的增加而增加。这意味着对于能够提供低质量服务水平的农村物流服务网点，如果物流企业为其提供的绩效报酬率越高，那么物流企业选择监督策略的可能性就越大。这也说明，对于拥有较差服务质量的农村物流网点，一味地提高绩效报酬率可能会使其没有动力去改进甚至可能使其的服务质量水平逐渐降低。因此，物流企业为实现农村物流服务质量的优化，其需要寻找最佳的合作伙伴，共同发展农村物流体系。

由表 4-11 可知，当农村物流服务网点的服务质量水平 $F(i) < \dfrac{1}{2}$ 时，绩效报酬率 r 的值从 0.5 增加到 0.6 的同时，物流企业选择监督策略的概率从 0.392 上升到 0.449。

表 4-11　数值分析 6

r 值	α^*
0.50	0.392
0.55	0.407
0.60	0.421
0.65	0.435
0.70	0.449

（6）服务质量缺损率 i 对策略选择结果的影响。在其他因素固定不变的条件下，不同农村物流服务网点服务质量的缺损率，决定着物流企业是否采取监督策略概率的大小。对于服务质量缺陷率较低的农村物流网点 $\left(i \leqslant \lambda\ln\left(2 + \dfrac{2}{\lambda\gamma}\right)\right)$

来说，服务质量缺陷率 i 越大，α^* 的值就越小；当农村物流网点拥有较高的服务质量缺损率 $\left(i>\lambda\ln\left(2+\dfrac{2}{\lambda\gamma}\right)\right)$ 时，服务质量缺损率越大，α^* 的值就越大。

　　证明：对 α^* 关于 i 的求导可得

$$
\begin{aligned}
\frac{\partial \alpha^*}{\partial i} &= \frac{rW(M-N)\mathrm{e}^{-\gamma i}(-\gamma)(2\mathrm{e}^{-i/\lambda}-1)}{\delta F}+\frac{rW(M-N)\mathrm{e}^{-\gamma i}(-2/\lambda)\mathrm{e}^{-i/\lambda}}{\delta F}\\
&=\frac{rW(M-N)\mathrm{e}^{-\gamma i}\left[(-\gamma)(2\mathrm{e}^{-i/\lambda}-1)+(-2/\lambda)\mathrm{e}^{-i/\lambda}\right]}{\delta F}\\
&=\frac{rW(M-N)\left[\gamma\mathrm{e}^{-\gamma i}-2(\gamma+1/\lambda)\mathrm{e}^{-(\gamma+1/\lambda)i}\right]}{\delta F}
\end{aligned}
\tag{4-40}
$$

令 $\dfrac{\partial \alpha^*}{\partial i}=0$ ，得

$$
\begin{aligned}
\gamma\mathrm{e}^{-\gamma i}-2(\gamma+1/\lambda)\mathrm{e}^{-(\gamma+1/\lambda)i}&=0\\
\gamma\mathrm{e}^{-\gamma i}&=2(\gamma+1/\lambda)\mathrm{e}^{-(\gamma+1/\lambda)i}\\
\ln\gamma-\gamma i&=\ln\left[2(\gamma+1/\lambda)\right]-(\gamma+1/\lambda)i\\
i/\lambda&=\ln\left[2(\gamma+1/\lambda)\right]-\ln\gamma\\
i&=\lambda\ln\left(2+2/\lambda\gamma\right)
\end{aligned}
\tag{4-41}
$$

　　①当农村物流服务网点的服务质量缺损率 i < λln (2+2/$\lambda\gamma$) 时，由于是关于 x 的减函数，e 随 x 的增加而减小，所以 $\gamma\mathrm{e}^{-\gamma i}$ < 2 $(\gamma+1/\lambda)\mathrm{e}^{-(\gamma+1/\lambda)i}$ 且 $\dfrac{\partial \alpha^*}{\partial i}$ < 0。这表明农村物流网点服务质量缺损率越低时，物流企业出于对其的信任而会降低选择监督策略的概率。

　　②当农村物流服务网点的服务质量缺损率 $i\geqslant\lambda$ln (2+2/$\lambda\gamma$) 时，由于 e^{-x} 是关于 x 的减函数，e 随 x 的增加而减小，所以 $\gamma\mathrm{e}^{-\gamma i}\leqslant$ 2 $(\gamma+1/\lambda)\mathrm{e}^{-(\gamma+1/\lambda)i}$ 且 $\dfrac{\partial \alpha^*}{\partial i}$ > 0。因此，对于拥有高于 λln (2+2/$\lambda\gamma$) 的农村物流网点来说，物流企业出于对服务质量的保障，其对农村物流网点监控的可能性会更大，从而降低风险获得更多的经济利益。

对 $\alpha*$ 进行假设：$W = 100$，$M = 10$，$N = 5$，$\gamma = 2$，$\lambda = r = 0.5$，$\delta = 0.8$，$i = 0.2$，$E = 100$，$F = 500$。

由表 4-12 可知，当农村物流服务网点的服务质量缺损率 $i > \lambda\ln(2+2/\lambda\gamma)$ 时，服务质量缺损率 i 的值从 0.2 增加到 0.4 的同时，物流企业选择监督策略的概率从 0.392 降到 0.222。当农村物流服务网点的服务质量缺损率 $i \geqslant \lambda\ln(2+2/\lambda\gamma)$ 时，服务质量缺损率从 0.7 上升到 0.9，物流企业的监督概率会从 0.172 上升到 0.181。

表 4-12　数值分析 7

i 值		$\alpha*$
	0.20	0.392
	0.25	0.331
$i < \lambda\ln(2+2/\lambda\gamma)$	0.30	0.283
	0.35	0.248
	0.40	0.222
	0.70	0.172
	0.75	0.173
$i \geqslant \lambda\ln(2+2/\lambda\gamma)$	0.80	0.175
	0.85	0.178
	0.90	0.181

4.3　演化博弈结论与建议

农村物流服务体系中的主体双方出于自身利益最大化原则，通常只向对方提供对己方有利的信息，忽视对自己不利的信息。这就导致物流企业不能完全了解农村物流服务网点的真实服务质量水平，对于监督检测也起到不利影响，农村物流网点也同样为自身利益选择优化服务质量或降低服务质量。本研究通过政府与物流企业合作的演化博弈，以及物流企业与乡村物流服务网点协作与服务质量监督博弈分析，得到以下结论：物流企业的监督成本与农村物流服务网点选择不欺骗策略的概率呈反比；当农村物流网点采用降低服务质量方式来获取的额外收益越大时，物流企业选择监督的概率会越会越大；农村物流服务网点被处以的罚款金额与物流企业选择监督的概率成反比，与农村物流网点选择不欺骗策略的概率成正比；物流服务质量的可测量程度与物流企业监督的概率成反比，与农村物流网点选择欺骗的概率成正比；对于服务质量较高的农村物流网点，绩效报酬率与物流企业监督的概率成反比，当农村物流网点服务质量较低时，绩效报酬率与监督的概率成正比；对于服务质量缺陷率较低的农村物流网点来说，服务质量缺陷率与监督的概率成反比，当农村物流网点的服务质量缺损率较高时，服务质量缺损率与监督的可能性成正比。因此，通过加强对整个农村物流体系的监督来提高双方信息透明度的方法对于改善物流服务质量水平有积极影响。为此，对于如何优化农村物流服务质量，本节将根据博弈结果的影响因素以及现实情况提出实际可行的解决方法与建议。

4.3.1　合理控制物流企业对农村物流服务网点的监督成本

物流企业在对农村物流网点监督的过程中，由于罚款金额力度的加大，农村物流网点不得不考虑如果采取欺骗被发现所面临的罚款是否大于不被发现时获得的额外收益，从而减少选择不按要求完成目标服务质量水平的策略。同时政府要合理控制自己的监督成本，使之在有效的范围内达到最佳效果，不做无效浪费的监督。为降低物流企业的监督成本，可以应用相对应的物流信息技术构建物流服务系统，如现在市场上常用的 EDI 技术、GPS 技术、快速输入条码的技术，实现信息的快速交换、实时监督物流信息、使信息处理更加有效。因此，构建更加信息透明化的物流服务体系，对物流企业降低监督成本至关重要。

4.3.2　提高物流服务质量的可测量程度

物流服务质量的可测量程度对于评估农村物流网点是否达到目标服务水平

有着重大意义。因此，为提高物流服务质量的可测量程度使服务质量管理更加定量化，首先物流企业可以通过建立全面质量管理体系来实现对农村物流网点的有效评估，一套完善的质量管理体系要包含质量标准确定、质量监督、质量评估、质量信息反馈与质量改进；其次物流企业也可以采取多视图模型的呈现方式来构建质量分析体系，以此来保证物流服务质量的提升。

4.3.3　建立完善的服务质量信息管理体系

优化农村物流服务质量的有效措施就是建立完善的服务质量信息管理系统，具体为通过对物流服务过程采取监督与管控的措施，来提高双方信息的透明度，使信息共享主体双方中得到充分应用，以此优化农村物流服务体系中所提供的服务质量。大范围的信息共享与服务质量信息管理体系的构建是信息数据实现高速达得以成功的重要因素。物流企业与农村物流服务网点可以利用共享信息系统进行合作交流，极大地提高了工作效率，使原有因为信息不对称而对服务质量造成消极影响案例逐渐减少，从而达到优化农村电商物流服务质量的根本目的。

4.3.4　完善物流行业的相关法律法规

一个行业持续健康发展的根本，在于其是否有一套完善的法律法规对其在法律上起到限制保护作用。因此，优化农村物流服务质量，减少部分企业的投机行为,完善物流行业的法律法规是必然的。随着乡村物流服务体系的逐步发展，物流企业与第三方合作已经成为构建农村物流最后一站的主流模式，面对日益发展的农村物流，不得不尽快完善相关法律法规，规范行业准则；并建立监管与惩罚机制，严厉打击不诚信、违规的物流经营者；此外，合作主体间应签订目标服务质量合作协议，以此提高农村物流网点的服务质量水平，保障双方持续稳定发展。

4.3.5　建立农村物流服务网点竞争淘汰机制

由于农村物流服务网点是面对消费者的最后一站，其服务质量的好坏决定了消费者对购买产品的满意度和未来产品影响销售量，也影响着上游物流企业的声誉口碑，因此农村物流服务网点服务质量的好坏起着至关重要的作用。当物流企业对农村物流网点的选择有更多空间时，其会选择能够提供最优服务质量的农村网点进行合作，此竞争关系会促进各农村物流网点优化自身的服务质量来获得与更多物流企业合作的机会。构建农村物流网点竞争淘汰机制可采取以下措施：物流企业与农村物流网点合作时确定目标服务质量，建立一套完善且成熟的综合评价体系进行绩效考核；同时物流企业要寻找多个潜在的农村物流网点，同时对其公开评比打分，形成一种竞争关系，从而促使其不得不提升服务质量。

4.3.6　完善物流服务售后评价系统

应当充分重视售后服务问题。物流服务的售后服务主要是根据消费者对农村物流服务网点所提供的服务质量等方面的问题而做出的反应，对整个农村物流服务体系的长期发展有重要影响。高品质的服务让客户满意，能在很大程度上提高消费者对制造企业产品的喜爱和物流企业的满意度，也会增加未来使用该物流公司的服务或增加再次购买该产品的欲望，这将使得制造企业和物流企业与农村物理服务网点都将获得更多的额外收益，使得物流服务质量水平不断提升。最后，应对各方面的售后信息进行收集与整理，及时反馈并分析总结未达标的物流服务，从中吸取教训，找出解决方案以确保在未来的物流服务中可以达到目标服务质量。

4.4　小结

本章通过演化博弈对政府与物流企业间是否合作构建农村物流体系进行研究，分析了不同因素对其策略选择的影响，在双方策略选择最终趋向于（支持，参与构建）时，又进一步分析了物流企业与乡村物流服务网点协作与服务质量监督的博弈关系，得到了以下结论：物流企业的监督成本与农村物流服务网点选择不欺骗策略的概率成反比；当农村物流网点采用降低服务质量方式来获取的额外收益越大时，物流企业选择监督的概率会越会越大；农村物流服务网点被处以的罚款金额与物流企业选择监督的概率成反比，与农村物流网点选择不欺骗策略的概率成正比；物流服务质量的可测量程度与物流企业监督的概率成反比，与农村物流网点选择欺骗的概率成正比；服务质量较高的农村物流网点，绩效报酬率与物流企业监督的概率成反比，当农村物流网点服务质量较低时，绩效报酬率与监督的概率成正比；服务质量缺陷率较低的农村物流网点来说，服务质量缺陷率与监督的概率成反比，当农村物流网点的服务质量缺损率较高时，服务质量缺损率与监督的可能性成正比。最后根据博弈结果提出优化农村电商物流服务质量的方法与建议，为提高物流服务工作效率、优化物流共享信息系统等提供参考建议。

第5章 农村电商物流服务质量的评价

笔者通过对农村电商物流发展现状及存在问题进行分析和总结后发现：农村电商物流发展势头迅猛，发展成效显著，展现出了巨大的发展潜力。但近几年在经历了粗放式的快速发展后，农村电商物流发展显得中气不足，迫切需要用一套科学全面的评价体系综合衡量其真实的发展状态，反映其发展特点，从而找到农村电商物流发展的内在规律。因此，本章以 SERVQUAL 模型和 LSQ 模型的维度框架为基础，结合农村电商物流服务的特点、现状及存在的问题，构建出农村电商物流服务质量体系，运用 SPSS19.0 数据分析模型对评价维度进行分析，为更好地提升农村电商物流服务质量提供了数据与理论支撑。

5.1 指标体系的构建

5.1.1 指标体系构建的原则

设计全面、科学及合理的物流服务质量的评价指标体系对于提高物流服务质量至关重要，通过评价农村电商物流服务质量，找出电商企业在农村地区物流服务发展的不足之处，可以有针对性地加强并改进。因此本书提出以下原则。

5.1.1.1 全面性与代表性相结合原则

构建的农村电商物流服务质量的评价指标应遵循全面性原则，所选取的指标要能全面地描述和反映物流服务水平，避免片面地把物流服务质量归于某个指标上的表现；此外，由于评价体系考虑的指标较多，全部指标都列入测评体系不可取，应基于不同角度、不同层次选择具有代表性的关键指标。

5.1.1.2　科学性与系统性相结合原则

农村电商物流服务质量受多方面因素的影响。因此，要全面系统地从电商企业、物流企业与农村等多方面考虑。另外指标体系中维度和指标的选择要建立在相关理论研究基础上，并且结合农村电商物流服务质量的现状，以及农村电商消费者的消费特点和消费心理，客观真实地反映农村电商物流服务情况。

5.1.1.3　可行性与可操作性相结合原则

指标体系构建后一定要保证其在实际工作中的可行性与可操作性，否则建立评价指标体系就毫无价值可言。因此选取的指标不仅要能够指导实际工作，其数据还要能够在现实工作中容易获取，这样才能保证研究工作的顺利进行。另外，构建的指标应该尽量与企业的有关统计资料、报表相互兼容。

5.1.1.4　主客观指标相结合原则

农村电商物流服务质量发展水平的高低不只是体现在宏观数据上的变化，还反映在微观主体的认知和应用层面。因此，在选取评价指标时要将主客观指标都纳入进来，这样才能更加真实地衡量出农村电商物流服务质量发展水平。

5.1.2　指标体系的维度构建

通过梳理与服务质量和农村电商物流服务质量相关的诸多研究成果可知，SERVQUAL 模型和 LSQ 模型是比较经典的两个模型，但是这两个模型均有各自的适用范围和局限性。本书在搭建农村电商物流服务质量评价指标体系时，在吸取国内外学者研究成果的基础上，根据农村电商物流服务的过程和特征，对 SERVQUAL 模型和 LSQ 模型的维度和指标进行重新提炼，剔除不符合农村电商物流服务质量评价的无效维度，增加一些新的指标体系，形成合理完整的维度框架，并结合 LSQ 模型确定能够体现农村电商物流服务质量的基本的关键指标。然后根据农村电商物流服务质量的特点、影响因素等确定其余的指标，并根据农村电商物流相关专家和导师的指导建议，对指标体系的指标进行补充和完善，并以此来丰富指标体系中具体指标，形成初始的农村电商物流服务质量评价指标体系（图 5-1）。

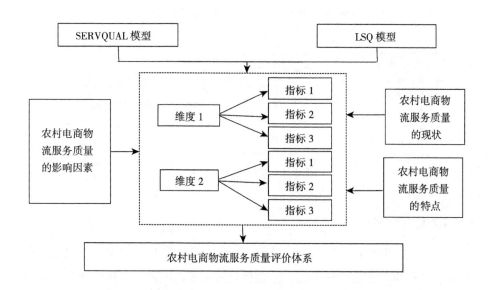

图 5-1　初始的农村电商物流服务质量评价指标体系构建流程

传统的 SERVQUAL 模型中含有 5 个维度，分别为可行性、响应性、可靠性、保证性、移情性（见图 5-2）。该模型是消费者通过自身对于服务的感知以及对服务的期望形成该商品服务品质的感知，然而在农村电商发展中，消费者对于商品的感知来源于网络的在线预览，对于商品的期望来自网络中的文字介绍，购买和支付都是在线上进行的，这样顾客对于有形的产品以及物流服务的质量、物流公司的装潢以及设备等的具体情况等都是无法得知的，因此，在对农村电商物流服务维度构建时应将有形性删除。根据实际情况，构建了以下几个维度的特性指标（见图 5-3）。

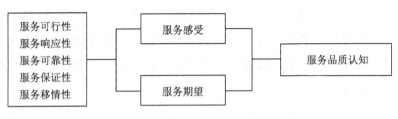

图 5-2　传统的 SERVQUAL 模型维度

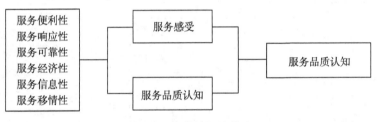

图 5-3　本书的评价维度

5.1.2.1　便利性

在电子商务平台购买东西时，消费者可以清楚地"货比三家""价比三家"，并且电商平台购物还有送货上门、货到付款及七天内无理由退换货等优质服务，这就大大增强了电商物流服务的便利性。值得一提的是，顾客在购买产品时特别关注商品购买产生的运费和退换货产生的运费究竟该由买家承担还是卖家承担，因此，在构建指标体系时将便利性纳入其中。

5.1.2.2　响应性

响应性在 SERVQUAL 模型中指的是服务提供企业对于消费者的服务要求做出快速反应的意愿和能力。服务不是一个单向的过程，不仅仅是由服务提供方向顾客提供其所需的服务，也包括了在服务过程中顾客自身诉求的满足。通常，服务的过程只包含了服务本身所提供的一些价值，即往往只关注服务的结果，而顾客在这个过程中的需求也应该是服务的一部分。这也就是目前所说的增值服务。在服务本身之外，能够迅速对顾客的需求进行响应，这是服务水平的重要评估标准之一。对于农村电商物流服务来说，这部分包含了对顾客投诉的及时处理，顾客对于所购商品特殊要求的处理以及退换货的处理及时性等需求。农村电商物流服务对于这些需求的响应程度是评估其服务水平的重要指标，也是顾客满意与否的重要指标。

5.1.2.3　可靠性

在原 SERVQUAL 模型中，可靠性是指服务提供者可靠并且准确地兑现他们对消费者所承诺的服务的能力。这里的服务承诺指的是商家在服务前通过广告宣传或者口头承诺的方式来宣扬自己的服务时所立下的各项服务标准。从农村电商物流服务的角度来说，如物流过程的送达时间的承诺、鲜活农产品送达后的品质承诺，以及一些订货、退换货的服务承诺等。保证性指的是服务人员的专业技能、可信程度、安全感以及服务态度。在农村电商物流服务中，物流服务人员与顾客之间的交流互动相较于传统的商业环境要少得多，对于商品质量的感知与期望更多的来自电商公司的口碑以及服务人员态度，同时对于订单处理的准确性和货物的完整性都体现了电商物流服务的可靠性。基于这个现实情况来看，应将可靠性与保证性相结合纳入农村电商物流服务体系中。

5.1.2.4　经济性

经济的维度在传统 SERVQUAL 模型、LSQ 模型中是不被考虑的（见图 5-2）。在网络购物环境下，如果顾客认为物流价格高，就会对电商网站不满意或取消订单。另外，电商平台与实体店不同，客户也会特别关注退货时需要支付的物流成本。物流经济将极大地影响客户对物流服务质量的感知。研究表明，经济性越高，网上购物送货服务越好。因此，在衡量农村电商物流服务质量时，物流价格是客户的首要考虑。因此，本书在评价指标体系中增加了经济性。

5.1.2.5　信息性

由于信息是电子商务中最重要的一部分，准确无误的信息可以让顾客清晰得了解商品的信息，减少退换货的次数，同时会提高商品的口碑，可谓一举多得。另外，电商平台对快件物流信息的及时追踪，方便顾客对物流信息的了解，因此将信息性纳入农村电商物流服务体系的构建中。

5.1.2.6　移情性

移情性是电商企业重视客户的程度及企业的忠诚客户数量，客户会一直在该家商铺买东西。这就要求企业思考客户需求和并了解其需求的迫切程度，准确预测和掌握客户需求。移情性主要体现在能够接近客户，了解和掌握客户需求。对于电商企业而言，不管网上购物送货是自己完成还是雇用别的物流公司，送货人员的服务意识和态度，是否为客户着想，都是关乎服务质量的重要内容，因此移情性是电商企业发展的重中之重，需要保留。

此外，考虑到 LSQ 模型中，由顾客角度来度量物流服务质量的 9 个指标，包含人员沟通数量、订单释放数量、信息数量、订购过程、货品精确率、货品完好程度、货品质量、误差处理以及时间性，本书通过对这 9 个指标分解并且结合 SERVQUAL 模型，对农村电商物流服务的各维度指标进行了归纳整合。

5.2　量表设计及数据来源

5.2.1　量表的设计

本书从 SERVQUAL 模型出发确定农村电商物流服务质量的维度层面，从 LSQ 模型出发确定农村电商物流服务质量的核心指标，最后结合我国农村地区电商物流服务质量的现状、特点、影响因素及确定最终所有的指标（表 5-1）。

表 5-1　农村电商物流服务体系构建量表

维度	指标	指标具体描述	代码
服务便利性	物流配送便利性	配送网点在农村的覆盖率较高且电商平台提供多种配送方式，如邮政、顺丰、圆通、中通、申通、韵达等物流	A1
	退换货便利性	客户退换货时去往服务网点的交通便利且距离较近	A2
	付款方式便利性	有些顾客对于网购中先付款后到货的方式不信任，故货到付款的方式成为农民采取网购行为以及认可物流服务的关键	A3
	收货方式便利性	收货时间更具个性化，能够根据客户的时间调整送货时间	A4
服务响应性	客服应答及时性	在客户下单之前对于商品的咨询客服是否回答及时与专业	B1
	发货与退换货响应	在确认订单后发货的速度迅速及申请退换货的处理及时	B2
	货物损坏、遗失处理速度	在运输途中出现货物遗失或损坏等情况时，物流公司处理快速且及时	B3
	客户投诉处理速度	在客户对于商品的质量或者使用等方面存在疑惑向客服投诉时，其处理的方式与速度是否合理	B4
	对突发事件的应急处理速度	对货物在运输过程中突发事件的应急处理速度是否及时	B5
服务可靠性	货物完好性	发货前保证货物的完好，是否对于易碎物品做了妥善处置	C1
	货物准确性	发货之前确认货物是否与订单物品相一致	C2
	处理订单正确性	确保没有订单遗漏	C3
服务经济型	物流价格标准	配送费用以及退换货物流费用价格是否合理	D1
	物流公司配送方式	物流公司选择经济的物流配送方式，能有效降低物流成本，提高公司的经济效益	D2
	物流体系完善度	应对农村不同的路段等有合理的配送体系或物流公司在农村建立健全的县–乡–镇–村一体化物流体系，降低运费	D3
	物流公司增值服务	物流公司提供代买、代卖、送货上门等服务	D4
服务信息性	物流信息查询	发货之后客户是否可以及时追踪到物流位置	E1
	信息准确率	物流的实际位置与物流信息是否相一致	E2
	信息补充速度	在物流的位置发生变化或者出现其他问题时，能够第一时间补充信息	E3

维度	指标	指标具体描述	代码
服务移情性	物流服务人员态度及专业性	物流服务人员的服务态度是否端正以及其着装、服务流程等是否正规	F1
	到件通知及送货	快件到达后物流服务人员是否及时电话或短信通知，安排送货服务	F2
	了解客户需求	根据不同的客户需求来安排不同的送货时间或付款方式，进行个性化服务	F3
	提醒客户主动验货	在客户拿到货品时是否主动告知顾客验货并签字	F4

5.2.2 数据来源

问卷调查对象主要来自山西省太原市所辖的各区（县、市），本书有选择性地对晋源区晋祠镇、金胜镇，尖草坪区的向阳镇，迎泽区的郝庄镇，小店区的西温庄乡，杏花岭区的中涧河乡，娄烦县共五区一县中的四镇一乡一县的在校农村大学生、在校农村教师和城市里的农民工、农村物流服务网点的工作人员以及经常性参与网购的居住户进行问卷调查（表 5-2）。采用问卷星和现场发放的形式，共发放了 400 份问卷，在整理统计后，共有 368 份有效问卷，有效率为 92.1%。

表 5-2 问卷对象组成及样本分布情况

调查对象	晋源区		尖草坪区		迎泽区		小店区		杏花岭区		娄烦县	
	样本数/份	比例/%	样本数/份	比例/%	样本数/份	比例/%	样本数/份	比例/%	样本数/份	比例/%	样本数/份	比例/%
在校农村大学生	15	20.3	10	17.5	10	17.9	13	20.6	10	18.2	13	20.6
农村教师	17	23.0	14	24.5	14	25.0	12	19.1	15	27.3	12	19.1
城市里的农民工	10	13.5	9	16.0	8	14.3	10	15.9	8	14.5	10	15.9

调查对象	晋源区		尖草坪区		迎泽区		小店区		杏花岭区		娄烦县	
	样本数/份	比例/%	样本数/份	比例/%	样本数/份	比例/%	样本数/份	比例/%	样本数/份	比例/%	样本数/份	比例/%
物流网点工作人员	12	16.2	11	19.2	12	21.4	13	20.6	12	21.8	13	20.6
经常性参与网购的居住户	20	27.0	13	22.8	12	21.4	15	23.8	10	18.2	15	23.8
合计	74	100.0	57	100.0	56	100.0	63	100.0	55	100.0	63	100.0

5.3 问卷设计与描述性统计

5.3.1 问卷设计

该问卷根据量表的 6 个维度和 23 个指标为主要依据，考虑到被调查对象的实际情况，因此，在问卷设计时本着语句简明扼要、便于回答的原则进行，该问卷的内容主要包含三个部分。

第一部分，农村电商消费者的基本资料。包含性别、年龄、学历、职业等基本资料。通过对样本基本资料的了解，可以更清楚地了解消费者的基本情况，观察样本分布情况。

第二部分，农村电商消费者购物行为基本调查。包含平均每次网购物品的花销、使用电商平台的时间、是否重视购物过程中的物流服务以及物流质量的好坏是否会影响其购买等，这样可以清楚地了解到顾客对于电商平台使用的熟悉情况。

第三部分，农村电商物流服务质量调查研究。本书以量表所选定的维度和指标为主要对象，采用 Likert 五点尺度测量法，对调研结果进行分析整理，将各维度对应的指标具体化，转化为通俗易懂的测量语项，并且用 1 到 5 来表示满意度的程度，为评价分析提供所需的基础数据。

5.3.2 描述性统计

本书对性别、年龄、受教育程度等基本特征，月购物量、购物物品价格、电商平台使用年限等行为特征进行描述性统计（表5-3、表5-4）。

表 5-3 农村电商消费者基本特征描述性统计

类别	属性	人数 / 人	所占比例 / %
性别	男	175	48
	女	193	52
年龄	18~30 岁	130	35
	31~40 岁	95	26
	41~50 岁	80	22
	50 岁以上	63	17
受教育程度	大专以下	90	24
	大专	102	28
	本科	100	27
	硕士及以上	86	25

表 5-4 农村电商消费者行为特征描述性统计

类别	属性	人数 / 人	所占比例 / %
月购物量	0~5 次	190	52
	6~10 次	100	27
	10 次以上	78	21
每月网购的花销	100 元以下	53	14
	100~300 元	125	34
	301~500 元	110	30
	500 元以上	80	22
电商平台使用年限	1 年以下	95	26
	1~2 年	130	35
	2~3 年	80	22
	3 年以上	63	17

首先，通过对农村电商消费者基本特征及其行为特征统计结果可知：一性别比例基本相当，故本研究统计结果基本不会造成性别差异。二消费者年龄结构在 18~30 岁占比最高，达 35%。之所以以青年群体为主，是因为这部分人群上网时间很长，网络购物是他们的基本消费方式，而且这部分人群收入水平虽然不高，购买力却比较强。美国互联网信息中心《第 35 次中国互联网络发展状况统计报告》中的数据显示，中国主要的网购人群主要集中在 20~30 岁，这一数据说明本书设计的调查问卷指标和数据都比较有代表性价值。三在受教育程度方面，具有大专及以下水平的学历、本科、硕士以上的农村电商消费者所占比基本均等。

其次，从农村电商消费者行为特征的统计结果可知：一是农村电商消费者的月购物量在 5 次左右的比例高达 52%，达到一半以上。二是从每月在网购方面的花销来看，100~300 元比例最高。三是从电商平台使用年限来看，1~2 年占比较高。这也说明电商物流在农村开始得到了较快发展。

最后，本书通过 SPSS19.0 对农村电商物流服务质量影响因素问卷调查结果进行描述性统计分析，发现所有样本的峰值应位于 -8~8（包含临界值），偏度位于 -3~3（包含临界值）。若峰值和偏度位于此标准区间内，说明样本为正态分布。此外，所有样本均值位于 4.28~4.53，说明选取的各指标对农村电商物流服务质量的影响较集中，具体分析结果见表 5-5。

表 5-5　描述性统计分析

项目	N	极小值	极大值	均值	标准差	偏度		峰度	
	统计量	统计量	统计量	统计量	统计量	统计量	标准误	统计量	标准误
A1	275	4	1	4.47	0.893	-1.873	0.147	3.362	0.293
A2	275	4	1	4.28	0.797	-1.209	0.147	1.848	0.293
A3	275	4	1	4.28	0.856	-1.056	0.147	0.736	0.293
A4	275	4	1	4.46	0.788	-1.640	0.147	3.167	0.293
B1	275	4	1	4.33	0.906	-1.148	0.147	0.507	0.293

项目	N	极小值	极大值	均值	标准差	偏度		峰度	
	统计量	统计量	统计量	统计量	统计量	统计量	标准误	统计量	标准误
B2	275	4	1	4.46	0.833	−1.421	0.147	1.221	0.293
B3	275	4	1	4.34	0.858	−1.341	0.147	1.727	0.293
B4	275	4	1	4.35	0.833	−1.408	0.147	2.208	0.293
B5	275	4	1	4.35	0.837	−1.414	0.147	2.168	0.293
C1	275	4	1	4.40	0.815	−1.435	0.147	2.024	0.293
C2	275	4	1	4.37	0.850	−1.509	0.147	2.343	0.293
C3	275	4	1	4.43	0.822	−1.684	0.147	3.156	0.293
D1	275	4	1	4.42	0.813	−1.572	0.147	2.773	0.293
D2	275	4	1	4.37	0.897	−1.423	0.147	1.761	0.293
D3	275	4	1	4.33	0.918	−1.389	0.147	1.447	0.293
D4	275	4	1	4.43	0.814	−1.551	0.147	2.418	0.293
E1	275	4	1	4.45	0.750	−1.259	0.147	1.304	0.293
E2	275	4	1	4.46	0.721	−1.132	0.147	0.496	0.293
E3	275	4	1	4.50	0.775	−1.993	0.147	5.088	0.293
F1	275	4	1	4.39	0.804	−1.404	0.147	2.110	0.293
F2	275	4	1	4.36	0.822	−1.300	0.147	1.630	0.293
F3	275	4	1	4.44	0.764	−1.382	0.147	2.098	0.293
F4	275	4	1	4.53	0.652	−1.244	0.147	1.044	0.293

5.4　相关性分析

进行相关性分析，需要先考虑相关系数，相关系数是用来表达指标间的紧密程度。当某个指标的相关系数过低或者相同维度下剩余指标与相关系数差异较大时，说明该指标与维度无关。因此，本书利用项目的整体相关系数对农村电商务物流服务质量指标体系中的相关指标进行净化筛选，具体步骤如下。

步骤一：计算指标维度的系数和整体相关系数。

步骤二：删除整体相关系数小于 0.4 的项目，删除指标后计算该维度的。如果该系数增加，则排除指标。反之，将被保留。

步骤三：最终分析哪个指标的相关系数比 0.4 大，但系数消除后会增加，如果有这样的指标，则删除。

需要说明的是，这是探索性检验，在具体操作中，选择只拒绝相关系数小于 0.4 的指标，使得系数增加。根据以上步骤，对农村电商物流服务质量指标体系 21 个指标的初步构建进行纯化。

5.4.1　服务便利性维度纯化

服务便利性包括 A1、A2、A3、A4，分别代表物流配送便利性、退换货便利性、付款方式便利性、收货方式便利性 4 个指标，经过数据分析后，这 4 个指标的 Cronbach's α 值为 0.831，总体相关值在 0.4 以上，因此没有指标被删除。

5.4.2　服务响应性维度纯化

服务响应性包含 B1、B2、B3、B4、B5 分别代表客服应答及时性、发货与退换货响应、货物损坏及遗失处理速度、客户投诉处理速度以及对突发事件的应急处理速度 5 个指标。经过数据分析可知，响应性的 Cronbach's α 值为 0.818，除对突发事件的应急处理速度这一指标的项目总体相关系数小于 0.4 外，其余 4 个指标的项目总体相关系数均大于 0.4，因此，根据指标纯化的步骤，删除 B2 项。同时重新对删除该指标后的其他指标进行相关性分析，见表 5-6。

表 5-6　服务响应性纯化前总体相关系数表

指标	项已删除的刻度均值	项已删除的刻度方差	校正的项总计相关性	多相关的平方	项已删除 Cronbach's α 值
B1	10.36	4.176	0.498	0.479	0.752
B2	10.12	5.110	0.521	0.597	0.764

指标	项已删除的 刻度均值	项已删除的 刻度方差	校正的项 总计相关性	多相关的 平方	项已删除 Cronbach's α 值
B3	10.67	5.478	0.575	0.578	0.571
B4	10.53	4.996	0.671	0.651	0.675
B5	10.28	5.342	0.329	0.298	0.654

5.4.3 服务可靠性因素纯化

服务可靠性包含 C1、C2、C3，分别代表货物完好性、货物准确率、处理订单正确性 3 个指标，经过数据分析后，这 3 个指标的 Cronbach's α 值为 0.871，总体相关值在 0.4 以上，因此没有指标被删除。

5.4.4 服务经济性

服务经济性包含 D1、D2、D3、D4，分别代表物流价格标准、物流公司配送方式、物流公司的增值服务、物流体系的完善度 4 个指标。这 4 个指标的 Cronbach's α 值为 0.882，除物流体系的完善度这一指标的项目总体相关系数小于 0.4 外，其余 3 个指标的项目总体相关系数均大于 0.4，因此，根据指标纯化的步骤，删除 D2 项。同时重新对删除该指标后的其他指标进行相关性分析，见表 5-7。

表 5-7　服务经济性纯化前总体相关系数表

指标	项已删除的 刻度均值	项已删除的 刻度方差	校正的项 总计相关性	多相关的 平方	项已删 Cronbach's α 值
D1	9.76	4.131	0.497	0.501	0.671
D2	10.21	5.907	0.312	0.298	0.634
D3	10.76	5.432	0.514	0.538	0.579
D4	10.18	5.768	0.592	0.532	0.591

5.4.5　服务信息性

服务信息性包含 E1、E2、E3，分别代表物流信息查询、信息准确率、信息补充速度 3 个指标，其 Cronbach's α 值为 0.824，总体相关值在 0.4 以上，因此没有指标被删除。

5.4.6　服务移情性

服务移情性包含 F1、F2、F3、F4，分别代表物流服务人员态度及专业性、到件通知及送货、了解客户需求、提醒客户主动验货 4 个指标，经过数据分析后，这 4 个指标的 Cronbach's α 值为 0.869，总体相关值在 0.4 以上，因此没有指标被删除。

综上，对农村电商物流服务质量初始指标体系指标纯化后，删除对突发事件的应急处理速度（B5）、物流公司配送方式（D2）这两个指标，这与农村电商消费者的实际情况基本符合，同时也简化了指标体系，说明确定的指标合理，模型具有可靠性。

5.5　量表的检验

信度分析也称为可靠性分析，用于测量样本回答结果是否可靠，即样本有没有真实作答量表类题项。效度分析，简单来说就是问卷设计的有效性、准确程度，用于测量题项设计是否合理。

5.5.1　量表的信度检验

将搜集的数据输入 19.0 软件，做总量表的信度检验，若 Cronbach's α 值的测量值大于 0.7，说明测量量表的信度是可以接受的；若 Cronbach's α 值的测量值大于 0.5，小于 0.7，则可以通过该系数判定测量问项是存在一定问题的；若该值还不到 0.5，就可以得出结论量表是不能接受的，需要进行重新设计。

本书总量表中的可靠性统计量 Cronbach's α 值为 0.726，基于标准化项的 Cronbach's α 值为 0.720，均大于 0.7，通过信度检验，总体来看，问卷指标具有较强的可信度，内部一致性较好，见表 5-8。

表 5-8 可靠性统计量

Cronbach's α 值	基于标准化项的 Cronbach's α 值	项数
0.726	0.720	21

5.5.2 量表的效度检验

量表的效度检验包括内容效度与结构效度。前者是指所要研究的内容和所制订的量表之间的契合程度。本书结合农村电商物流服务的特点，确定了量表的各个维度和指标，就问卷问题与多位同行进行讨论，故本书的内容效度可以得到证实。

结构效度是指一个测验实际测到所要测量的理论结构和特质的程度，或者说它是指测验分数能够说明某种结构或特质的程度；是指实验与理论之间的一致性，即实验是否真正测量到假设（构造）的理论。本书的效度分析采用的就是最好用、最常规的分析工具 SPSS19.0 统计软件。进行总量表的 KMO 系数及球形 Bartlett 检验。不同的 KMO 值可判断对应的题项做因子分析的适合程度，具体而言，KMO < 0.6 时，不适合做因子分析；当 0.6 < KMO < 0.7 时，不太适合做因子分析；当 0.7 < KMO < 0.9 时，适合做因子分析；当 KMO > 0.9 时，非常适合 KMO。题项间相关系数的显著性检验可采用 Bartlett 球形检验值进行，并规定当 Sig. < 0.05 时，比较具有显著性，可进行因子分析。

表 5-9 测试结果显示，KMO 和 Bartiett 测试后，农村电商物流服务质量的得分为 0.872，测试值介于 0.8 至 0.9 之间，Bartlett 球形检验值为 2 254.662，Sig. 小于 0.05，由此可知，适合做因子分析。

表 5-9　KMO 与 Bartlett 的检验

取样足够度的 Kaiser-Meyer-Olkin 度量	Bartlett 的球形度检验		
	近似卡方	df	Sig.
0.872	2254.662	120	0.000

运用 SPSS19.0 进行主成分分析用来检测农村电商物流服务质量的结构效度。具体步骤如下：哪个指标的特征值大于 1 就把哪个指标提取出来，从而提取主因子。用最大方差旋转方法解释因子含义，识别指标与主要因素的关系，然后进行筛选。进行主成分分析的结果表明，该因子总方差解释率为 65.3548% > 60%，说明提取的 6 个因子包含的信息较充分（表 5-10）。按照因子分析评价标准，因子载荷大于 0.5 可以被接受。

表 5-10　解释的总方差

成分	初始特征值			提取平方和载入			旋转平方和载入		
	合计	方差的 %	累积 %	合计	方差的 %	累积 %	合计	方差的 %	累积 %
1	3.310	15.763	15.763	3.310	15.763	15.763	2.424	11.542	11.542
2	2.648	12.609	28.372	2.648	12.609	28.372	2.369	11.283	22.824
3	2.257	10.748	39.120	2.257	10.748	39.120	2.302	10.964	33.788
4	2.134	10.163	49.283	2.134	10.163	49.283	2.164	10.305	44.093
5	1.809	8.614	57.897	1.809	8.614	57.897	2.126	10.122	54.216
6	1.566	7.456	65.354	1.566	7.456	65.354	1.926	9.171	63.387
7	0.982	6.104	71.458						
8	0.854	4.066	75.524						
9	0.735	3.500	79.024						
10	0.675	3.215	82.239						
11	0.568	2.705	84.944						
12	0.529	2.517	87.461						
13	0.427	2.035	89.496						
14	0.421	2.005	91.501						

成分	初始特征值			提取平方和载入			旋转平方和载入		
	合计	方差的 %	累积 %	合计	方差的 %	累积 %	合计	方差的 %	累积 %
15	0.383	1.824	93.324						
16	0.347	1.652	94.977						
17	0.279	1.330	96.307						
18	0.233	1.109	97.415						
19	0.210	0.998	98.413						
20	0.185	0.882	99.296						
21	0.148	0.704	100.00						

注：1. 提取方法：主成分分析。

为了更清楚地描述因子与原有各指标之间的关系，我们对载荷矩阵进行了旋转。由旋转后的因子矩阵表可知，每个项目的负荷均高于 0.5，且不存在双重因子负荷均高的情况，每个维度下的项目均按聚合到一起。根据上文分析说明问卷量表有很好的结构效度，旋转后的因子矩阵见表 5-11。

表 5-11　旋转后的因子矩阵表

	1	2	3	4	5	6
A1	0.821					
A2	0.653					
A3	0.621					
A4	0.592					
B1		0.690				
B2		0.620				
B3		0.695				
B4		0.859				
C1			0.631			

续表

	1	2	3	4	5	6
C2			0.839			
C3			0.647			
D1				0.632		
D2				0.818		
D3				0.623		
E1					0.611	
E2					0.804	
E3					0.714	
F1						0.634
F2						0.657
F3						0.532
F4						0.878

注：1. 提取方法：主成分分析。

　　2. 旋转法：具有 Kaiser 标准化的正交旋转法。

根据统计结果可得出以下结论：

（1）公共因子 1 包含 A1、A2、A3、A4，分别代表物流配送便利性、退换货便利性、付款方式便利性、收货方式便利性 4 个指标，认为其结构效度很高，因为它们在成分一上的因子荷载量比 0.5 大，因此该公共因子命名为服务便利性。

（2）公共因子 2 包含 B1、B2、B3、B4，分别代表客服应答及时性、发货与退换货响应、货物损坏及遗失处理速度、客户投诉处理速度 4 个指标，因此该公共因子命名为服务响应性。

（3）公共因子 3 包含 C1、C2、C3，分别代表货物完好性、货物准确率、处理订单正确性 3 个指标，因此公共因子 3 命名为服务可靠性。

（4）公共因子 4 包含 D1、D3、D4，分别代表物流价格标准、物流体系的完善度、物流公司的增值服务 3 个指标，因此公共因子 4 为命名为服务经济性。

（5）公共因子 5 包含 E1、E2、E3，分别代表物流信息查询、信息准确率、信息补充速度 3 个指标，因此公共因子 5 命名为服务信息性。

（6）公共因子 6 包含 F1、F2、F3、F4，分别代表物流服务人员态度及专业性、到件通知及送货、了解客户需求、提醒客户主动验货 4 个指标，因此公共因子 6 命名为服务移情性。

5.6 评价维度的重要性分析

5.6.1 维度的权重确定

确定评估模型具体指标和维度后，需要确定维度和指标的权重。权重确定的方法有主观定权法以及客观定法。主观定权法包含了诸如专家评价法以及层次分析法。这两种方法都是基于专家意见的主观赋权法，依赖富有经验和阅历的专家来对指标的重要性来进行排序和打分。主观赋权法的优点是能够将有经验的专家的意见融入于权重的确定中来，有一定的权威性，但是缺点是其主观性太强，会受到一些主观偏见的影响，因此其在一些情况下得出的结论会失之偏颇。客观定权法包括了相关系数法、回归分析法以及主成分分析法等方法。客观定权法是从调查数据的本身出发，由数据的内在关系提取中权重的一种定权方法。相对来说，客观定权法能够尽可能地减少主观因素对于权重定义过程的影响。考虑到研究需要，本书从实际数据出发，更充分地表现农村客户的意愿，选用客观定权法确定各指标的权重，计算各指标的权重运用回归分析法。

本书运用 SPSS19.0 数据分析模型对农村电商物流服务质量体系各维度进行回归分析，回归分析结果见表 5-12。

表 5-12　维度回归分析结果

模型		非标准化系数		标准系数		
		B	标准误差	试用版	t	Sig.
因变量①	（常量）	1.099	0.497		2.212	0.000
	服务便利性	0.310	0.311	0.309	0.995	0.000
	服务响应性	0.280	0.097	0.566	2.887	0.000
	服务可靠性	0.125	0.068	−0.139	−1.839	0.000
	服务经济性	0.402	0.075	0.309	5.359	0.000
	服务信息型	0.153	0.078	0.167	1.968	0.000
	服务移情性	0.142	0.087	0.133	1.638	0.000

① 因变量：农村电商物流服务质量。

5.6.1.1　确定回归方程式

把 6 个维度当作自变量，把农村电商物流服务质量当作因变量，即 Y 表示农村电商物流服务质量，A 代表服务便利性、B 为服务响应性、C 为服务可靠性、D 为服务经济性、E 为服务信息性、F 为服务移情性。根据上表可知，服务便利性维度的回归系数为 0.310，服务响应性维度的回归系数 0.280，服务可靠性维度的回归系数 0.125，服务经济性维度的回归系数 0.402，服务信息性维度的回归系数 0.153，服务移情性维度的回归系数 0.142，则农村电商物流服务质量的回归方程式是：

$$Y=0.310A+0.280B+0.125C+0.402D+0.153E+0.142F$$

5.6.1.2　将回归系数进行归一化处理计算

由于各维度变量的回归系数不能直接作为权重，每个维度前面的回归系数需要经过归一化处理才能作为权重系数。将回归系数归一化处理如下。

服务便利性的权重：

$A=0.310/(0.310+0.280+0.125+0.402+0.153+0.142)=0.310/1.421=0.218$

服务响应性的权重：

B=0.280/(0.310+0.280+0.125+0.402+0.153+0.142)=0.280/1.421=0.197

服务可靠性的权重：

C=0.125/(0.310+0.280+0.125+0.402+0.153+0.142)=0.125/1.421=0.087

服务经济性的权重：

D=0.402/(0.310+0.280+0.125+0.402+0.153+0.142)=0.402/1.421=0.283

服务信息性的权重：

E=0.153/(0.310+0.280+0.125+0.402+0.153+0.142)=0.153/1.421=0.107

服务移情性的权重：

F=0.142/(0.310+0.280+0.125+0.402+0.153+0.142)=0.142/1.421=0.100

5.6.1.3 分析结果

通过权重计算可知，服务便利性、服务响应性、服务可靠性、服务经济型、服务信息性、服务移情性的权重分别为 0.218、0.197、0.087、0.283、0.107、0.100，明显可以看出，服务经济型权重＞服务便利性权重＞服务响应性权重＞服务信息性权重＞服务移情性权重＞服务可靠性权重，也就说明了农村电商物流服务的经济型和便利性是影响农村电商物流服务质量的关键因素。

5.6.2 指标的权重确定

对于所有指标，处理方法都是一样的。使回归系数得到标准化前提是先把标准化回归系数用回归分析。本书以服务响应性为例，进行重要性分析（表 5-13）。

表 5-13 指标回归分析结果

模型		非标准化系数			标准系数	
		B	标准 误差	试用版	t	Sig.
因变量[①]	（常量）	2.662	0.402		6.618	0.000
	客服应答及时性 B1	0.174	0.178	−0.379	−0.979	0.000

续表

模型	非标准化系数		标准系数		
	B	标准 误差	试用版	t	Sig.
因变量	发货与退换货响应 B2	0.142	0.087	0.133	1.638	0.000
	货物损坏、遗失处理速度 B3	0.121	0.078	0.125	1.542	0.000
	客户投诉处理速度 B4	0.280	0.097	0.566	2.887	0.000

① 因变量：服务响应性。

（1）将服务响应性用 B 表示，客服应答及时性 B_1、发货与退换货响应 B_2、货物损坏、遗失处理速度 B_3、客户投诉处理速度 B_4，根据表 5-13，可以得到客服应答及时性的回归系数 0.121，发货与退换货响应的回归系数 0.142，货物损坏、遗失处理速度的回归系数 0.174，客户投诉处理速度的回归系数 0.280，则服务响应性的回归方程式是：

$B=0.121B_1+0.142B_2+0.174B_3+0.280B_4$

（2）将回归系数进行归一化处理，则

客服应答及时性的权重：

$B_1=0.174/(0.121+0.142+0.174+0.280)=0.174/0.717=0.243$

发货与退换货响应的权重：

$B_2=0.142/(0.121+0.142+0.174+0.280)=0.142/0.717=0.198$

货物损坏、遗失处理速度的权重：

$B_3=0.121/(0.121+0.142+0.174+0.280)=0.121/0.717=0.169$

客户投诉处理速度的权重：

$B_4=0.280/(0.121+0.142+0.174+0.280)=0.280/0.717=0.391$

（3）分析结果。

同理，利用回归分析法将服务便利性、服务可靠性、服务经济型、服务信息性、服务移情性维度下各指标的回归系数进行归一化处理，可以得到各指标的权重，指标权重见表 5-14、图 5-4。

表 5-14　指标权重

维度	指标	代码	权重
服务便利性	物流配送便利性	A_1	0.351
	退换货便利性	A_2	0.223
	付款方式便利性	A_3	0.167
	收货方式	A_4	0.265
服务响应性	客服应答及时性	B_1	0.243
	发货与退换货响应	B_2	0.198
	货物损坏、遗失处理速度	B_3	0.169
	客户投诉处理速度	B_4	0.391
服务可靠性	货物完好性	C_1	0.325
	货物准确率	C_2	0.123
	处理订单正确性	C_3	0.142
服务经济型	物流价格标准	D_1	0.452
	物流体系完善度	D_2	0.236
	物流公司增值服务	D_3	0.139
服务信息型	物流信息查询	E_1	0.422
	信息准确率	E_2	0.270
	信息补充速度	E_3	0.263
服务移情性	物流服务人员态度及专业性	F_1	0.375
	到件通知及送货	F_2	0.283
	了解客户需求	F_3	0.214
	提醒客户主动验货	F_4	0.197

综上所述，在服务便利性维度下物流配送便利性、退换货便利性、付款方式便利性、收货方式便利性权重分别为 0.351、0.223、0.167、0.265，其中物流配送便利性占据重要地位；在服务响应性维度下客服应答及时性、发货与退换货响应、货物损坏、遗失处理速度、客户投诉处理速度权重分别为 0.243、0.198、0.169、0.391，其中客户投诉处理速度是其关键影响因素；在服务可靠性维度下

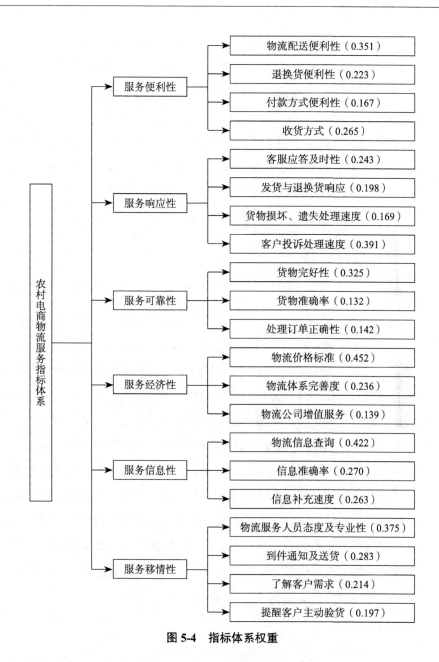

图 5-4　指标体系权重

货物完好性、货物准确率、处理订单正确性权重分别为 0.325、0.132、0.142，其中货物完好性对服务可靠性的贡献度最多；在服务经济性维度下物流价格标准、物流体系完善度、物流公司增值服务权重分别为 0.452、0.236、0.139，其物流价格标准对其影响力最强；在服务信息性维度下物流信息查询、信息准确率、信息补充速度权重分别为 0.422、0.270、0.263，其中物流信息查询占据重要地位；在服务移情性维度下物流服务人员态度及专业、到件通知及送货、了解客户需求、提醒客户主动验货权重分别为 0.375、0.283、0.214、0.197，其中物流服务人员态度及专业是其关键影响因素。

5.7　小结

本章以 SERVQUAL 模型和 LSQ 模型的维度框架为基础，再根据农村电商物流的现状、特点等方面构建农村电商物流服务质量指标体系，通过采用 Likert 五点尺度测量法，对各维度相对应的指标具体化，运用 SPSS19.0 数据分析模型在检验问卷具有很好的可信度以及构建效度之后，通过回归分析法比较各维度以及指标的权重，计算各维度权重结果可得：服务经济型权重 > 服务便利性权重 > 服务响应性权重 > 服务信息性权重 > 服务移情性权重 > 服务可靠性权重，也就说明了农村电商物流服务的经济型和便利性是影响农村电商物流服务质量的关键因素。对于指标权重计算结果可知：在服务便利性维度下物流配送便利性占据重要地位；在服务响应性维度下客户投诉处理速度是其关键影响因素；在服务可靠性维度下货物完好性对服务可靠性的贡献度最多；在服务经济性维度下物流价格标准对其影响力最强；在服务信息性维度下物流信息查询占据重要地位；在服务移情性维度下物流服务人员态度及专业是其关键影响因素。

第6章 个案研究：乡村振兴战略下
山西省农村电商的物流服务

随着经济全球化的快速发展，农村电商物流逐渐成为区域经济协调发展的新引擎。近年来，随着乡村振兴战略的不断推进，山西省农村地区电商物流的发展速度有所提升，全省电商物流发展取得了一定的成效。但由于目前山西现代物流产业体系较不完善，造成电商物流的发展速度与相关体制机制的完善程度不相符，进而导致农村电商物流服务在发展过程中出现了诸多问题。因此，本章深入分析山西省农村电商物流服务发展现状，并进一步研究影响山西省农村电商物流服务质量的主要因素，为山西省各级政府推进农村电商物流的发展提供借鉴。

6.1 山西省农村电商物流服务的典型案例

在国家的积极引导与政策推进下，山西省政府始终坚持将实施乡村振兴战略作为新时代解决"三农"问题的总抓手，贯彻落实党中央关于实施乡村振兴战略的各项决策部署。如今，在乡村振兴战略的持续推进与农村电商的不断发展下，山西省农村电商物流的服务质量不断提升。目前，山西省农村电商物流服务发展较快且具有代表性的地区分别为陵川县、中阳县、定襄县、武乡县、稷山县和隰县。这些地区所采取的电商物流服务发展模式各有不同，如陵川县为政策推进助力物流服务发展模式、中阳县为"互联网＋电商物流服务"模式、定襄县为跨境电商物流服务模式、武乡县为社会化电商物流服务模式、稷山县为电子商务与物流服务协同发展模式、隰县为"电商＋溯源体系"物流服务模式。山西省农村电商物流服务模式概况见表6-1。

表6-1 山西省农村电商物流服务模式概况

地区	农村电商物流服务的发展模式	概况
陵川县	政策推进助力物流服务发展	强化领导，构建强有力的组织保障体系
		科学布局，构建高效优质的电商物流服务体系
		发挥优势，构建多快好省的物流运营服务体系
中阳县	"互联网＋电商物流服务"模式	建设电商物流公共服务中心
		建设多级物流体系
		完善农产品上行体系
定襄县	跨境电商物流服务模式	政策推动
		培育专业跨境物流人才
武乡县	社会化电商物流服务模式	促进农产品上行
		完善物流服务体系
稷山县	电子商务与物流服务协同发展模式	优化电商物流协同发展政策环境
		提升电商物流末端服务能力
		提高电商物流协同运行效率
隰县	"电商＋溯源体系"物流服务模式	依托电商平台，拓展销售渠道
		发展信息化溯源体系，提高产品质量安全保障水平和供应链效率

6.1.1 陵川县农村电商物流服务

2015年，山西省陵川县被确定为全国第二批电子商务进农村综合示范县，为进一步做好电子商务进农村综合示范工作，加快农村电子商务发展，该县结合实际，突出特色，着力构建组织保障、电商服务、物流运营、理念培育、产品上行、政策支撑六大电商物流服务体系，不断加强示范项目管理，扎实推进电子商务进农村各项工作，确保综合示范建设工作取得明显成效。

目前，在政府的积极引导下，陵川县已建成了县域电子商务公共服务中心、仓储物流配送分拣中心、物流运营中心、电子商务物流服务协会及数百个村级电商物流服务站。通过构建"畅享陵川"电子商务公共服务平台，不断健全农村双向物流配送网络体系，并成功引进神州买卖提、苏宁云商、山西农大田润三大运营服务商及淘宝、京东等知名电商企业，开创了农村电商物流发展新格局。

近年来，陵川县充分利用互联网、大数据、云计算等新兴技术发展网络经济，促进全县特色农产品的上行。与此同时，随着该县消费者对商品质量、售后服务、物流配送等方面要求的提高，农村电商物流的发展形势和配送理念也在不断改变，推动农村电商物流服务质量不断提升。为推进农村电商物流的发展进程，提升农村电商物流服务质量，山西省陵川县政府采取了一系列措施，具体措施如下。

第一，强化领导，构建强有力的组织保障体系。陵川县政府对发展农村电商物流及提高物流服务质量等相关工作高度重视，多次主持召开县政府常务会议、县委中心组会议和工作推进会议，组织学习电子商务及电商物流等专业知识，听取工作进展情况汇报，积极部署电商物流服务工作等有关事宜，助推全县（乡、镇）农村电商物流事业蓬勃发展。同时，陵川县人大、县政协把提升电商物流服务质量列为工作重点，多次组织开展专项视察调研活动，确保农村电商物流综合示范工作的有序推进。

第二，科学布局，构建高效优质的农村电商物流服务体系。近年来，陵川县大力整合各类资源，建成了集线下体验、线上运营、物流配送、公共服务于一体的现代化电子商务产业园区。同时，在政府的政策支持下，陵川县以交通条件便利的行政中心村为重点，积极构建村级电子商务服务站，既为各大电商企业进军农村市场提供站点服务，也为广大群众提供代购代销、收寄快递、充值缴费、信贷金融等便民服务，使该县的电商物流服务质量得到真正提升。此外，陵川县开通了"畅享陵川"电子商务物流网络公共服务平台，包含电商物流系统、物流服务网点系统等核心功能，可为用户提供线上线下物流信息查询、产品展销、运营推广以及售后保障等电商服务。

第三，发挥优势，构建多快好省的农村物流运营服务体系。陵川县积极建设县域物流运营中心及电商仓储物流配送中心，承接全县电商物流配送任务，同时，通过开发县域电子商务物流综合管理信息系统，实现订单流向、车辆管理、物流跟踪等信息公开共享，使城乡双向融合的物流配送体系逐步建立并不断完善，打通了农村电子商务物流的"最后一公里"。

6.1.2 中阳县农村电商物流服务

山西省中阳县积极顺应"互联网+"发展态势，以国家级电子商务进农村综合示范项目为契机，以"农村产品上行"为核心，以"品牌推广"为关键，以"物流配送"为保障，大力发展农村电商，使农村电商物流产业成为推动乡村产业兴旺的主力军，乡村振兴的新引擎。

2018年，中阳县成功申报国家级电子商务进农村示范县，县委、县政府将其作为重点工程，统筹规划，多次召开常委会、常务会、领导小组会、专题会等，研究部署农村电子商务工作，明确农村电子商务进农村综合示范项目的目标任务、基本路径、政策举措、任务分工和督促落实等各项工作，将电子商务综合示范工作融入全县经济转型发展中，努力把中阳县打造成标杆效应的国家级电子商务进农村综合示范县。同时，该县政府借力"互联网+"，在全县大力发展"互联网+电商物流服务"，全面推进电商扶贫致富，让本地特色产品"走出去"，有力带动了全县农村电子商务的发展，开创了中阳县电商物流"联万户、广受益、可持续"的蓬勃发展新局面。近年来，中阳县农村电商物流取得了重大成效，具体如下。

第一，建设电商物流公共服务中心。在政府的带领下，中阳县以乡村振兴战略为指导，规划建设了总面积为四千余平方米的县级电商物流公共服务中心，初步形成信息发布、供求交易、物流配送、质量追踪及售后服务等功能为主体的农村电子商务公共服务网络体系，为入驻的企业提供市场调研、产品设计、品牌推广、电商运营、客户服务等全方位的公共服务。中阳县通过构建电子商务物流服务体系，结合产业特色和业务需求，有效整合相关资源，支持本地农产品上行，带动全县电子商务应用整体升级，不断完善农村电子商务物流服务体系，推动全县农村电商物流服务质量不断提升。

第二，建设多级物流体系。近年来，中阳县政府积极引导本县电商物流龙头企业积极整合县域现有的物流资源，大力建设县级物流仓配中心、乡镇物流中转站、村级物流服务网点，加快推进中阳县多级物流体系建设。同时，县政府通过制定合理规范的物流管理制度、组建专业的物流运营团队，不断完善仓储配送信息化系统及农村电子商务物流服务体系，优化农村物流网络，提升农村配送能力，全面降低社会物流总成本，逐步实现村级网点全覆盖，推动农村电子商务物流服务质量大幅提升。

第三，完善农产品上行体系。中阳县以中阳特色核桃、中阳剪纸及手工艺品等为主打产品，依托当地资源和特色产业，积极与国内大型知名电商平台合作，并通过举办电商年货节、网络直播等各类促销活动，打造农产品销售服务、物流分销、供应链管理等新型电商网络营销体系，实现地方农产品与国内市场的无障碍对接，解决滞销农产品的上行问题，建设助农增收、助力扶贫的特色模式和长效机制。

6.1.3　定襄县农村电商物流服务

定襄县处于太原都市发展圈、环渤海经济发展圈，是晋北的交通枢纽，也是山西外贸进出口大县，被誉为"世界法兰之都""中国法兰之乡"。近年来，在政府的大力支持下，定襄县贯彻落实国家乡村振兴战略与"一带一路"倡议，积极开展跨境电商物流服务，培育电商物流的新业态、新模式。为促进跨境电商物流持续发展，定襄县政府运用跨境电商出口主流平台对相关企业进行实操培训，促进企业转型升级发展。同时，定襄县政府积极鼓励驻地物流企业着力发展数字经济，积极参与国际经济合作与分工，形成宽领域、多层次、高水平的开放新格局，助推全县经济实现高质量发展，全力打造跨境电商物流新高地。

近年来，跨境电商物流作为伴随互联网技术蓬勃发展的新兴业态，备受关注。跨境电商出口企业通过跨境电子商务平台向境外销售国产商品的规模逐年扩大，行业发展态势逐渐向好。如今，国际形势复杂多变，我国经济下行压力持续加大，在一定程度上阻碍了定襄县跨境农村电商物流的进一步发展。此外，由于定襄县跨境电商物流企业生产规模仍较小、外界联络能力不足、缺乏专业外贸人才，制约了定襄县电商物流的外向型发展。为促进定襄县农村电商物流服务质量的进一步提升，该县政府采取了众多措施，开创电商物流服务发展新模式。具体措施如下。

第一，政策推动。在乡村振兴战略的指导下，定襄县政府积极引导传统外贸及制造企业运用数字贸易平台实现在线化发展、数字化转型，积极完善跨境电子商务平台，为电商物流服务企业提供创新服务，促进跨境电子商务物流线上平台和线下园区联动发展。同时，大力支持全县商贸流通企业及生产企业利用跨境电子商务方式开展国际贸易，实现数字化转型，促进跨境电子商务物流服务业务持续发展，提高跨境电商物流产业的竞争力。此外，政府加大对跨境电子商务物流企业的资金投入力度，为提高电商物流服务质量奠定基础。

第二，培育专业人才。定襄县依托市电商人才培训示范基地、电子商务培训中心和电商服务站，以高校毕业生、农村青年、返乡务工人员、大学生村官等为重点培养对象，通过专家讲座、下乡巡讲、座谈交流、面对面教学等培训方式，开展跨境电子商务知识普及、专题实战操作等不同层次不同内容的电商培训活动，建立有效的人才培养机制，为全面推进跨境电商物流服务发展提供强有力的人才支撑。

6.1.4　武乡县农村电商物流服务

武乡县是国家扶贫开发工作重点县，自 2015 年被批准成为国家电子商务进农村综合示范县以来，以扶贫项目为契机，从建立电商扶贫工作机制入手，大力发展电商物流，健全电商扶贫网络，促进电子商务与乡村振兴的深度融合，并将电子商务进农村作为实施乡村振兴的重要举措。

近年来，武乡县把农村电商物流作为县域经济转型的新动力、农业发展方式转变的新载体、农民收入增加的新途径、创业创新孵化的新平台，着力打通供应、物流、服务、人才四大链条，构建网络服务、物流配送、人才辐射、产品加工、营销分销、产业支撑、基础保障和致富增收八大体系，形成"赋能于民、赋财于民"的社会化电商物流服务模式，全力促进农产品上行，提升电商物流服务质量，进而带动全县经济实现高质量发展，助推扶贫工作取得重大成效。

发展社会化电商物流服务模式是一项探索性的工作。为切实保障电商物流服务工作扎实推进，武乡县政府将农村电商物流列入重点工作，并通过设立武乡县电子商务物流服务发展引导资金，聘请专业顾问，与国内县域电商团队签订战略合作协议，持续推进万人电商培训工作，大力引进各类电商人才，建设县级电子商务公共服务中心、县级物流仓储配送中心、县级电商培训中心、县级电商创业中心、县级电商体验中心和县级电商产业中心。同时，在县委、县政府的大力支持下，武乡县电商扶贫协会组织农业、供销、物流、通信管理等部门定期研究解决电商物流推进过程中所遇到的问题，为发展社会化电商物流服务模式提供智力支持。为完善社会化电商物流服务模式，加快推进电商扶贫进程，武乡县政府采取了一系列措施，具体如下。

第一，促进农产品上行。为有效促进农产品上行，武乡县借助阿里巴巴、京东、苏宁、公益山西、善融商务、乐村淘等电商平台，积极开展贫困地区农产品销售活动，深入发掘当地特色农副产品，强化品牌意识，培育出了多个区域公共品牌，为实现整村脱贫奠定基础。此外，武乡县通过制订电商物流整合方案，采购各类先进的物流设备，构建物流信息平台，招募物流服务商，切实解决农产品上行"最初一公里"和工业品下行"最后一公里"的问题，不断完善社会化电商物流服务模式。

第二，完善农村电商物流服务体系。武乡县政府以加强农村网络基础设施建设为突破口，提高网络覆盖率，扩大农村电商物流服务的覆盖范围，为完善农村电商物流服务体系创造条件。同时，通过整合电商物流资源，建设仓储物流配送中心，发展智慧物流，完善农村物流配送体系。进一步加强交通运输、商务、供销与物流企业、电商在农村基础设施和物流网络上的共享衔接，积极整合行业资源，加快农村现代物流配送体系建设。近年来，在政府的政策支持下，邮政、顺丰、"四通一达"、天天、优速等电商物流服务网点遍布武乡县，社会化农村电商物流服务模式不断优化，为武乡县实现经济发展提供条件，助力乡村振兴。

6.1.5　稷山县农村电商物流服务

近年来，稷山县政府以实施乡村振兴战略为总抓手，坚持"政府推动、企业主体、市场运作、合作共赢"的原则，制定并贯彻落实农村电商物流发展政策，积极培育农村新产业、新业态、新模式，进而推动电商物流服务质量不断提升，并逐渐成为助推乡村振兴、产业强劲发展的新动能。

在政府政策的引导下，稷山县成立了电子商务物流发展协会，该协会积极引导电子商务、物流和快递等平台型企业健全平台服务协议、交易规则和信用评价制度，强化企业主体责任，切实维护公平竞争秩序，实现行业间、企业间开放合作、互利共赢，进而促进稷山县电商物流不断发展。同时，该协会通过解读最新国家政策，把握电商物流发展趋势，深入探讨电商物流专业技术要点，解决全县当前农村电商物流发展进程中的突出矛盾和现实问题，提升行业整体竞争水平，进而全面推进电子商务与物流服务协同发展，开创物流服务新模式，为该县提升农村电商物流服务质量奠定基础。

近年来，在政策的驱动下，稷山县电子商务与物流协同发展程度不断加深，推进了物流服务转型升级、提质增效，助推该县实现经济高质量发展。但是，目前稷山县电子商务与物流服务协同发展仍面临政策体系不完善、发展不协调、衔接不顺畅等问题。为全面贯彻党的十九大精神，落实新发展理念，深入实施"互联网＋流通"行动计划，提高电子商务与物流服务协同发展水平，该县采取了一系列措施以提升农村电商物流服务质量，具体如下。

第一，优化电商物流协同发展政策环境。不断完善电商物流数据保护及开放共享规则，建立数据中断等风险评估、提前通知和事先报告制度。同时，在确保消费者个人信息安全的前提下，健全企业间数据共享制度，鼓励和引导电子商务平台与物流企业之间开展数据交换共享，共同提升电商物流服务质量。此外，通过简化物流服务业务经营许可程序，加强农村电商物流末端网点备案管理，不断优化物流服务业务经营许可管理信息系统，为农村电商物流的进一步发展提供良好的外部环境。

第二，提升农村电商物流末端服务能力。稷山县政府引导电商企业与物流企业积极开展投递服务合作，建设电商物流末端综合服务场所，促进电商物流服务资源的有效组织和统筹利用，并通过积极鼓励电商物流企业与连锁商业机构、便利店、物业服务企业、高等院校等主体进行合作，构建多元化的末端节点布局，提供集约化配送等多样化、个性化的物流服务，加快稷山县农村电商物流服务的发展进程。

第三，提高农村电商物流协同运行效率。通过积极引导电商物流企业采用先进的技术和装备，提升物流装备自动化、专业化水平，提高大数据、云计算、机器人等现代信息技术和装备在电子商务与物流服务领域的应用，努力实现信息协同化、服务智能化，为提升物流服务质量奠定基础。同时，不断强化农村电商物流标准体系建设，优化电子商务物流供应链管理，鼓励相关物流服务企业集成应用各类信息技术，大力整合并共享上下游资源，促进商流、物流、信息流、资金流等高效流动，实现信息交换一体化，加强系统互联和业务联动，优化资源配置，进而提高农村电子商务与物流服务的协同运行效率。

6.1.6　隰县农村电商物流服务

隰县是国家级扶贫开发重点县，地处晋西吕梁山南麓，其独特的自然环境与独特的自然环境孕育了梨果生长，成就了著名的"中国金梨之乡"。近年来，在国家的大力扶持与县政府的高度重视下，玉露香梨逐渐成为隰县的主导产业，为确保如期实现脱贫攻坚目标提供了重要基础。

近年来，随着玉露香梨规模的快速扩张和市场竞争的日益激烈，在极大地带动了隰县经济发展的同时，其产业脆弱性和市场风险也在不断增加。为实现隰县经济的可持续发展，县政府立足于发展玉露香梨等特色品牌，将发展电商物流作为精准扶贫、促进群众增收致富的创新举措，不断完善电商和物流产业链，助力实现精准脱贫。如今，隰县在国家扶贫基金会的大力支持下，与苏宁集团签订了山西隰县玉露香梨产业扶贫战略合作协议。苏宁集团联合中国扶贫基金会，不断加大资金投入力度，并依托其在品牌公信力、产业运营、商业资源、物流服务等方面的资源优势，全面扶持玉露香梨产业竞争力培育和产品上行，帮助全县贫困农户实现增收脱贫。近年来隰县农村电商物流服务的发展历程，大致分为三个阶段，具体见表6-2。

表6-2　隰县农村电商物流服务发展历程

发展阶段	时期	目的	具体做法
初始阶段	2015年9月—2016年6月	解决防假、促销、保品牌问题	创建了玉露香梨二维码溯源体系和原产地电商平台，先后在北京农展馆、上海环球港、深圳百家网站创业园、陕西杨凌农展会、山西太原农博会等各大城市，举办了"扫二维码、发朋友圈、品玉露香、赠一个梨"等大型宣传推销活动
提升阶段	2016年7月—2017年10月	解决要素不健全、运行不规范问题	依托"隰县在线"门户网站和微站等线上网站，与浙江讯唯集团合作，创建了丽水电商学院隰县分院，成立了隰县电商物流扶贫培训基地，邀请国内电商行业专家授课指导，多次举办进阶培训、高端研修、网上实操等，培养出一批农村电商物流带头人与优秀电商物流企业。此外，积极与移动、联通、电信运营商签署战略合作协议，与顺丰速运合作设立了物流分拣中心，建立了通村第四方物流公司，引进金融支持体系
扶贫阶段	2017年11月至今	解决资源分散、效能较低问题	融合扶贫攻坚整合资源，聚集要素，创建了农村电商一条街和隰县电商物流服务综合示范公共服务中心，实行街区化运作、园区化管理。将苏宁易购扶贫实训店、物流服务、货物展示、数据平台、运营管理及包装管理等项目全部纳入该服务中心

如今，隰县电商已进入了全新的发展时期，电商要素由分散性转变为集中化，电商运营由松散型点状协作转变为紧密型街区化运作，营销主体由以创客为主转变为"创客＋公司"，销售平台由本土小平台扩展为与淘宝、京东等融合的大平台，培训基地由县级培训升级为山西省定点电商扶贫培训基地，促进了隰县农村电商物流的全面发展。为深入贯彻落实国家乡村振兴战略布局，加快推进隰县农村电商物流服务综合示范工作，隰县大力发展"电商＋溯源体系"物流服务新模式。具体举措如下。

第一，依托电商平台，拓展销售渠道。县政府积极构建"乐村淘"等电商平台，有序推进隰县农产品上行及电商物流服务系统管理等相关工作。以隰县为中心，辐射周边县、市、省的农贸市场等渠道，通过持续扩展外部物流渠道，实现与市场的有效对接，为消费者提供稳定长效的产品输出终端，完善农村电商物流服务体系。同时，通过积极整合县域电商物流资源，依托电商物流管理系统、全方位服务管理等平台，持续推进电商物流服务站及服务网点的建设，降低物流运输成本，提高配送效率和物流服务质量，有效解决了"农产品上行最初一公里"和"工业品下行最后一公里"问题，促进隰县农村电商物流服务体系更加完善。

第二，发展信息化溯源体系，提高产品质量安全保障水平和供应链效率。隰县以电子商务进农村综合示范县建设为依托，以农特产品追溯体系建设为抓手，以隰县玉露香梨品牌打造为载体，以现代物流基础设施建设为保障，多措并举，构建"一码一品牌一体系"的特有模式。通过在流通的农产品上粘贴二维码，使消费者在收到货物后可通过此码对产品的品牌信息、生产流通过程、检测报告等进行查询。并通过统一农产品的品牌标识，完善防伪追溯标识申请与发放管理机制，严格控制品牌标识数量，加强品牌准出管理，为完善农村电商物流服务体系提供重要条件。在此基础上，隰县电商物流服务形成了"来源可查、去向可追、责任可究"的溯源体系，实现产品溯源、质量监管、公众查询、精准扶贫等功能，不断完善电商物流服务质量控制标准，规范追溯信息采集、录入、多级监管流程。并根据隰县的具体管理特点，制定配套管理制度，推进生产标准化、流程规范化、管理制度化建设，实现全产业链信息化监管，进而提升电商物流的服务质量。

6.2　山西省农村电商物流服务质量的影响因素研究

本书以农村电商物流服务发展过程中的典型案例隰县为例，利用实地调研数据，深入研究隰县农村电商物流服务质量的影响因素，进而为全省各级地方政府促进农村电商物流高质量发展提供一定的借鉴。

6.2.1　问卷调查设计

本书结合隰县农村电商物流服务的发展现状，根据实际调研情况，初步确定了影响隰县农村电商物流服务质量的 33 项要素，并在此基础上进行问卷设计。该问卷设计的主要思想是对隰县农村电商物流服务质量影响因素进行具体的描述，最终形成了包含 33 项条目的隰县农村电商物流服务质量影响因素调查问卷，该问卷的主要形式为选择，所有内容均随机排列。

6.2.1.1　问卷调查的内容

与第 5 章的问卷调查的做法类似，隰县农村电商物流服务质量问卷调查有三个主体，第一部分是问卷的说明部分，提出问卷的调查目的和调查内容，并强调了问卷调查信息的保密性。第二部分是个人基本信息的调查，其中包括性别、年龄、受教育程度、目前从事的职业及对隰县农村电商物流服务质量的了解程度，调查对象应根据实际情况如实填写。第三部分是调查所列的全部因素对隰县农村电商物流服务质量的影响程度。

6.2.1.2　问卷调查的对象及发放

本调查的调查对象是隰县政府官员、电商物流企业工作人员、电子商务物流服务协会成员及部分农户等。

本调查问卷随机选择调查对象，主要通过问卷星网站与现场进行发放，问卷的发放时间是 2019 年 12 月 22 日，共发放了 275 份，收回 275 份，有效问卷 275 份，有效回收率为 100%。

6.2.2　问卷调查分析

6.2.2.1　问卷调查基本信息分析

笔者对隰县农村电商物流服务质量影响因素的调查问卷进行了归纳总结和分析，具体结果见表 6-3。

表 6-3　问卷调查基本信息分析

类别	属性	人数 / 人	所占比例 / %
性别	男	138	50.18
	女	137	49.82
年龄	30 岁及以下	86	31.28
	31~40 岁	53	19.28
	41~50 岁	75	27.25
	50 岁以上	61	22.19
受教育程度	大专以下	39	14.18
	大专	75	27.28
	本科	109	33.54
	硕士及以上	52	25.00
所从事的职业	行政与事业单位人员	54	16.62
	企业人员	30	9.23
	个体工商户	45	13.85
	学生	127	46.18
	其他	19	6.91
是否了解农村电商物流服务	了解	298	91.69
	不了解	27	8.31

从以上统计数据可得出，在本次调查对象中，男性所占比重为 50.18%，女性比重为 49.82%，二者基本持平，说明本次调查较为合理。调查对象的受教育程度中本科和硕士较多，体现了调查对象的受教育程度较高，知识水平高，进

而说明本次调查结果可靠性较强，可供参考价值较大。调查对象所在岗位多元化，能够说明本次问卷调查结果较客观全面。从整体上来说，被调查对象的基本信息符合实际情况，因此，能够在此基础上继续进行检验分析。

6.2.2.2　农村电商物流服务质量影响因素问卷调查描述性统计分析

本书通过 SPSS19.0 对农村电商物流服务质量影响因素问卷调查结果进行描述性统计分析，发现所有样本的峰值和偏度都在上述标准区间，说明样本为正态分布。此外，所有样本均值位于 3.96~4.45，说明调查对象的选择比较集中。农村电商物流服务质量影响因素的重命名及对应编号见附录 2。

描述性统计分析结果表明，在均值方面，X1、X17、X22、X24、X28 的均值较高，体现了这些影响因素的被认可度较高。在标准差方面，样本中标准差最大的是 X13，为 0.918，说明调查对象对该要素的认可差异较大；标准差最小的是 X22，为 0.578，说明调查对象对此要素的认可差异较小，观点较为一致。

6.2.3　问卷调查检验

在对隰县农村电商物流服务质量影响因素问卷调查进行描述性统计分析后，笔者认为调查对象对问卷中初步选取的影响因素认可度较大，但仍存在一定的差异。基于以上分析结果，本部分对调查结果进行信度检验和效度检验，确定此问卷调查能否通过检验，并进一步确定能否继续进行相关研究。

6.2.3.1　信度检验

笔者在对隰县农村电商物流服务质量影响因素的问卷调查结果进行信度分析后，得出下列结果，具体见表 6-4。

统计可知，可靠性系数为 0.966，大于 0.7，说明所得到的数据可靠性强、效果好，能通过信度检验。

表 6-4 问卷调查处理汇总

项目		*N*	%
案例	有效	275	100.0
	已排除①	0	0.0
	总计	275	100.0

① 在此程序中基于所有变量的列表方式删除。

6.2.3.2 效度检验

同样，利用 KMO（Kaiser-Meyer-Olkin）度量和 Bartlett（巴特训练）球形度检验来判断问卷的结果数据能否通过效度检验，并在此基础上进一步确定是否适合做因子分析。对隰县农村电商物流服务质量影响因素的问卷调查结果的具体效度检验见表 6-5。

表 6-5 KMO 和 Bartlett 的检验

取样足够度的 KMO 度量	Bartlett 球形度检验		
	近似卡方	df	Sig.
0.953	6123.979	528	0.000

根据上述结果，可以得出 KMO 值为 0.953，大于 0.9，说明效果极佳，能够通过效度检验，适合做因子分析；Bartlett 球形度检验中的 Sig. 为 0.000，说明变量之间的差异较小，存在显著相关性。KMO 值和 Bartlett 值符合标准，通过效度检验，进而表明本书适合采用因子分析法。

6.2.4 因子分析法确定影响隰县农村电商物流服务质量的因素

在检验问卷调查的基础上，本书进一步通过因子分析法确定农村电商物流服务质量的影响因素。本书采用主成分分析法，经过最大正交旋转，得到旋转后的因子负载。保留因子负载值的绝对值大于 0.4 的项目，并删除意义重复的要素，重新对矩阵进行排序和归纳，同时对提取出的影响因素进行重命名。最后，对得到的要素进行修正，确保每个一级指标下面的二级要素的个数小于等于9，完成修正。基于以上分析，本书最终得到26个农村电商物流服务质量的影响因素，具体见表6-6。

表6-6 隰县农村电商物流服务质量的影响因素因子负载表

影响因素	成分			
	1	2	3	4
交通通达度	0.950			
基础设施完善程度	0.944			
服务网点数量	0.939			
信息化水平	0.924			
服务渠道	0.919			
新兴技术发展水平	0.905			
物流设备的先进程度	0.903			
发展历史	0.891			
经济水平	0.844			
宣传力度		0.943		
出台政策		0.942		
开展培训		0.925		
安全保障		0.919		
重视程度		0.907		
互动频率			0.934	
处理能力			0.933	
服务效率			0.919	
服务态度			0.901	
服务形象			0.856	
信息充足性				0.907
信息及时性				0.898

影响因素	成分			
	1	2	3	4
信息准确性				0.894
信息便利性				0.669
物流价格				0.809
物流覆盖范围				0.721

提取方法：主成分分析法
旋转法：具有 Kaiser 标准化的正交旋转法

在此基础上，本书对得到的隰县农村电商物流服务质量影响因素进行归纳分类，具体结果见表 6-7。

表 6-7　隰县农村电商物流服务质量影响因素

类别	影响因素
基础设施完善程度	交通通达度
	基础设施完善程度
	服务网点数量
	信息化水平
	服务渠道
	新兴技术发展水平
	物流设备的先进程度
	发展历史
	经济水平
政府政策推进力度	宣传力度
	出台政策
	开展培训
	安全保障
	重视程度

类别	影响因素
工作人员 服务能力	互动频率
	处理能力
	服务效率
	服务态度
	服务形象
消费者的 满意度	信息充足性
	信息及时性
	信息准确性
	信息便利性
	物流价格
	物流覆盖范围
	服务形式

6.2.5　隰县农村电商物流服务质量影响因素的相关性分析

通过进行因子分析法得到了本书的四个影响因子，分别是基础设施完善程度、政府政策推进力度、工作人员服务能力以及消费者的满意度。这四类影响因素为自变量，农村电商物流服务质量为因变量。为了进一步研究农村电商物流质量的影响因素与因变量之间的相关性程度，本书采用皮尔逊相关系数分析法展开相关研究。当皮尔逊相关系数值为 1 时，表示变量之间完全相关；当皮尔逊相关系数值为 0 时，表示变量之间完全不相关；当系数值介于 0~0.5 时，表示变量之间相关度一般；介于 0.5~0.8 时，表示变量之间显著相关；数值介于 0.8~1 时，表示变量之间高度相关。具体结果见表 6-8。

表 6-8　相关分析结果

影响因素		农村电商物流服务质量
政府政策推进力度	皮尔逊相关性	0.748
	显著性（双侧）	0.000
	N	275
基础设施完善程度	皮尔逊相关性	0.731
	显著性（双侧）	0.000
	N	275
工作人员服务能力	皮尔逊相关性	0.729
	显著性（双侧）	0.000
	N	275
消费者的满意度	皮尔逊相关性	0.679
	显著性（双侧）	0.000
	N	275

皮尔逊相关系数的最终结果表明，基础设施完善程度、政府政策推进力度、工作人员服务能力、消费者的满意度等四个影响因素与农村电商物流服务质量之间的皮尔逊相关系数值均处于 0.5~0.8，具有显著的正相关性。同时，政府政策推度对农村电商物流服务质量的影响最大，其次是基础设施完善程度和工作人员服务能力，最后是消费者的满意度。

6.2.6　隰县农村电商物流服务质量影响因素回归分析

通过相关性分析可知，四个影响因素对于农产品区域品牌效应的发挥具有显著正相关关系。为了进一步确定各类影响因素对农村电商物流服务质量的影响程度，本书采用回归分析法，对农村电商物流服务质量影响因素的强度进行深入分析。在回归分析中，本书的被解释变量为农村电商物流服务质量，用 Y 表示；解释变量为政府政策推进力度、基础设施完善程度、工作人员服务能力、

消费者的满意度，分别用 X_1、X_2、X_3、X_4 表示。具体回归公式表示为

$$Y = aX_1 + bX_2 + cX_3 + dX_4$$

回归分析的结果见表 6-9。

表 6-9   回归数据分析结果

影响因素	非标准化系数		标准系数	t	显著性
	B	标准误差			
（常量）	1.0990	0.057	0.000	0.000	1.000
政府政策推进力度	1.3648	0.057	1.3648	0.0364	0.000
基础设施完善程度	0.8960	0.057	0.896	0.0467	0.000
工作人员服务能力	0.3868	0.057	0.3868	0.0513	0.001
消费者满意度	0.1096	0.057	0.1096	0.0421	0.001

上述回归结果表明，基础设施完善程度、政府政策推进力度、工作人员服务能力、消费者满意度等四个影响因素的 t 值分别为 0.0364、0.0467、0.0513、0.0421，且显著性水平小于 0.05，表明通过 t 检验，回归结果有效，可在此基础上继续展开相关研究。根据上述回归结果，可以获得农村电商物流服务质量影响因素的回归模型，即：

$$Y = 1.099 + 1.3648X_1 + 0.896X_2 + 0.3868X_3 + 0.1096X_4$$

由回归方程可知，政府政策推进力度对农村电商物流服务质量的影响程度最大，其次是基础设施完善程度和工作人员服务能力，消费者的满意度对农村电商物流服务质量的影响相对较小。各级政府可根据本书得出的相关研究结果对发展农村电商物流及提升其服务质量进行战略部署，以促进当地经济实现高质量发展。

6.3　小结

本章在对山西省具有代表性的陵川县、中阳县、定襄县、武乡县、稷山县及隰县的农村电商物流服务发展概况进行具体分析的基础上，以最具代表性的隰县为例展开深入研究。在此基础上，本书进一步对隰县农村电商物流服务质量的影响因素进行研究。首先对隰县农村电商物流服务质量的影响因素进行问卷调查设计、发放、收回、分析及检验，进而初步确定影响隰县农村电商物流服务质量的主要因素，在此基础上，本书采用因子分析法进一步对各项影响因素进行修正，并根据得出的因子负载表对最终因素进行归纳整合，进而形成四类综合影响因素。在得到影响隰县农村电商物流服务质量的四类因素后，本书进一步对这四类因素进行相关性分析，检验并确定各项因素与农村电商物流服务质量之间的相关关系。最后，通过对四类因素进行回归分析，得出其对隰县农村电商物流服务质量的影响程度及重要程度。

第 7 章　乡村振兴战略下
优化农村电商物流服务质量的策略

农村电商作为农村连接外界的一个快速平台，成为促进乡村振兴的有力推手。然而当前农村电商物流服务发展中存在的问题，不仅制约着农村经济的发展，而且影响着农民对这种新型业态形式的接受程度。因此，本章从乡村振兴战略的角度，对农村电商物流服务从宏观角度以及评价维度方面提出优化策略，为提升农村电商物流服务质量，进而助力农村电商物流的脱困与健康发展提供有价值的参考。

7.1　基于宏观角度的优化策略

7.1.1　强化政策制度扶持，提供农村电商物流服务的保障体系

本书根据农村电商物流的现状、模式及特点构建了农村电商物流服务质量指标体系，通过评价结果的分析思考，结合我国当前发展农村电商产业，实现乡村振兴的目标，从地方政府推动农村电商物流业发展的主要作用方面提出改进建议，希望我国地方政府能够结合本地优势，出台具有科学性以及可操作性的相关政策规划，积极落实组织领导的协调责任，进一步完善与农村电商物流发展相关的公共服务；重视提升网络通信和交通物流基础设施建设；着力加强

农村电商物流产业的市场监管，通过强化政策制度扶持，从规划、财政、交通、信息管理以及人才战略等方面完善农村电商物流服务的保障体系，在提升农村电商物流服务经济性与便利性的同时加强农村电商物流服务的信息性与可靠性。

（1）在规划组织领导方面，各地政府应该结合本地优势，出台具有科学性与可操作性的相关政策规划，落实组织领导协调责任。第一，地方政府要在思想认识上加深对农村电商物流的理解，打开电商思维的新格局，把握电商物流业的发展规律，提升各级领导部门的农村电商物流服务意识。第二，各地政府应当从全局出发，认真研判县（乡、镇、村）的实际情况，基于市场需求和本地优势，找准切入点，明确本地产业发展方向，编制具有科学性、战略性以及可操作性的县域电商物流业的规划。第三，各地政府应当进行统一部署，建立农村电商发展领导小组，协调组织相关部门解决农村电商物流在发展中遇到的实际困难和难题，将每项难题具体工作量化，并在规定周期内对其职责履行情况进行考核，避免出现工作中部门冲突以及责任推诿等情况。

（2）在完善基础设施方面，政府应当重视提升农村地区的网络通信基础设施建设。众所周知，网络使用的普及率、信号的覆盖率以及专业服务人员的短缺、基础设施不齐全都是影响农村电商物流服务的因素。因此，需要政策的扶持并搭建金融服务平台，依据各农村不同情况架设更多网络线路、修建更多信号基站，进一步推进物联网设施设备建设。具体做法如下：首先，搭建县、乡、村三级电商物流信息管理系统，实现信息共享。其次，完善农村物流信息点服务功能。再次，在发展智慧物流方面，可推广利用条形码、无线射频识别、全球定位系统以及地理信息系统等信息技术，逐步推进对货物交易、受理、运输、仓储、配送全过程的监控与追踪，提升物流运输效率，以最快的速度将货物配送到消费者手中，最终实现"工业品下行、农产品上行"的双向信息化物流，实现农村智慧物流。

（3）在财政支持方面，要坚持市场主导、政府扶持、企业为主的原则，统筹推进农村电商物流的发展。建议各级党委政府采取以奖代补、贷款贴息、税费减免等支持方式，以财政资金带动社会资本共同参与农村电商物流的发展。

一是政府要投入更多的资金加快农村基础设施建设，尤其要注重建设与产业发展相匹配的物流体系和仓储中心，扩大农村货运网的覆盖面积。农村电商产业的拓展必须依托于完备的物流体系，而邮政公司通过长期建设形成的深度布局，正好可以弥补民营快递网点布局不全面的不足，所以地方政府可以整合各方资源，在村间建立以邮政为主、民营快递公司为辅的农村物流体系，在电商产业发展的初始阶段给予物流公司一定的补贴，解决农村物流面临的"最后一公里"问题。

二是政府要对交通方面给予资金扶持。众所周知，交通的闭塞是影响农村电商物流服务的重要原因，因此，政府部门应当增加建设农村基础交通设施的经费，接纳其他物流企业或电商企业共同改造农村基础设施，完善农村物流交通链条，根据农村的路况来选择专门的节能车辆进行运输，并对车辆进行适度改装，增加特殊产品的保存冷装车厢，提升对于车辆的审核标准。考虑到蜿蜒且改造困难的道路，建议在安全的前提下配备小型配送车，如小型面包车或三轮车等，降低功耗，提升农村电商物流服务的品质，使农村的资源优势更好地转变为经济优势，同时也能为农村电商物流提供一个良好的发展环境，减少物流配送时间，提高物流配送效率。

（4）在提供公共服务方面，政府应当进一步完善与农村电商物流发展相关的公共服务，引进和培育电商人才是重点工作。第一，政府要重点加强电商人才的引进和培育工作，打好"外引内育"的组合拳。一方面，可以加大农村电子商务人才引进力度，制定科学合理的电商人才奖励办法及相关优惠政策。地方政府可以成立"引才小队"，到设有对口专业的各高校招引电商人才，吸引本地学生回乡创业。对于回乡进行农村电商创业项目的人才在税收减免和资金支持等方面给予相应的政策帮扶，加快其创业项目的成长，这将会在本地区内聚集起一批具有较高文化水平的农村电商创业者来带动当地农村电商物流业的快速发展。根据当地产业发展情况，地方政府要定时调研企业人才需求，积极引进技术骨干。对于外地人才，地方政府应当在社会保障、子女就学、住房租房等多方面为引进人才提供更优惠的条件。第二，积极培育本地农民和青年学生成为农村电商人才。地方政府可以与本地高校、职业教育中心以及电子商务企业开展合作，实现产、学、研联动的专业体系建设，创新电子商务人才培养机制，共同建立实习培训基地，加强理论与实践的结合。另一方面，政府应当通过人民群众喜闻乐见的形式宣传电商知识，加深农户对电商的认识了解，定时组织免费的农产品种植、包装、营销等技术培训会、短期培训班，培育新型职业农民，鼓励其参与到发展电商产业中来，共同推动当地经济的发展。

7.1.2　加强与第三方物流企业合作，建立长期的战略合作伙伴关系

第三方物流发展形势是随着国内电子商务系统的升级而变化的。目前国内从事农村第三方物流的企业相对少。也就是说，目前第三方物流企业还没有足够注重农村这一利基市场。同时，农村地区电商物流意识相对薄弱，尤其是农户对专业化的物流运输业存有不信赖感，对其提供的物流服务更缺乏信任度。所以，一些农村龙头企业需要根据实际情况，进一步调节、整合社会物流资源，进一步构建相应的物流部门。总之，第三方物流企业可以根据自己的需要，同农村龙头企业构建战略合作伙伴关系，进一步推广物流专业标准以及物流专业技术，这样有利于降低自营成本。

第一，制定严格的评估考核制度，对第三方物流企业进行严格的评估和筛选。根据评估考核制度标准对其资质、综合实力以及员工素质等进行严格的综合评估，只有这些条件都达到规定标准的物流公司才准予引入，并且择优合作。此外，还要完善淘汰、监管机制，随时抽检引入的物流公司，一旦发现问题，物流公司要及时解决，对置之不理或推脱责任的物流公司予以淘汰。此外，要明确双方各自的权责，因为在某些具体的物流服务方面，各大物流公司可能会出现相互推诿的现象，这样会降低顾客对物流服务质量的满意度。

第二，加强对第三方物流公司服务质量的监督，采取定期和不定期相结合的方式对合作公司进行审查，通过建立有效的服务绩效考评机制，激励合作公司以高度的责任心为顾客提供更优质的服务。如果出现问题，要求其及时改正，

保证农村电商物流服务质量和顾客满意度。

第三，对于物流企业来说，应通过信息技术将政府、银行以及电商企业等资源进行整合优化，提高农村电商物流服务的效率。对于第三方物流系统建设来说，能够将农村电商物流企业的管理、咨询、技术供应等实现合理的综合统一。此外，第三方物流结合跨境电商模式的生成，是现代物流业的未来发展方向，这样就可以有效实现农村电商的仓储、运输、配送以及加工等环节的优化，建立多功能电商服务方式和系统，这将大大降低物流成本。

第四，加强与第三方物流的合作与交流，建立长期的战略合作伙伴关系，与第三方物流企业一起开发农村电商的物流解决方案，有效地将提供的服务和客户需求相结合，提高信息化水平，实现信息资源的共享，保证农村电商物流各个环节的有效衔接，提高物流信息的及时反馈能力。因此，重视合作对象的选择及管理，尽量缩小自营物流服务和第三方物流服务间的差异。

7.1.3　加快农村信息化建设，建立农村电商物流信息共享平台

农村信息网络化程度较低，信息获取主要依赖于手机和人际传递，致使农产品市场供求信息严重不对称，极大限制了农村电商物流的发展。因此，加快农村信息化建设成为提高农村物流服务质量的必要因素。

第一，加快建设农村物流信息平台，实现农村物流信息共享、推进农村电商物流信息化。为完善农村信息化建设，农村需要普及网络，通过合理使用GIS、GPS 等信息技术建立农村物流信息平台，整合农村电商物流资源，实现县域现有电商物流企业的信息共享与统计，提高旺季和淡季期间仓储和物流设施利用率，提升物流效率，降低物流成本，搭建货出山快运及货运车辆配载以及物流信息查询的物流服务平台。

农产品物流信息中心是托运人和承运人交接货物的主要交易地，集中了物流运力和运量的供给和需求的信息，是承接农产品和其他货运物资的主要体现。通过提供精准、高效、安全的物流信息网络服务，进行规范、合理、便捷的农

产品货物交易，让农产品托运方能够以较低的物流配送成本获得高效、安全的物流服务。同时，基于农产品物流信息化平台，物流中心具备专业化、标准化的设施、设备和车辆运输能力，可为农村电商物流的发展提供便捷、安全的快运服务。通过农产品物流信息化平台，利用城乡物流冷链货运，充分整合农村电商下行、农产品上行的物流关系，大幅度降低物流配送成本，提高货物运输的规模化程度和配送速度，使得城市消费者需求与农副产品数量能更好地进行高效、实时的对接与分享，降低不必要的物流成本与物流消耗。为农产品的城乡配送、长距离的跨省运输、铁路货运、海上运输和空运等提供多样化储运、装卸等专业化物流服务，为农村电商物流的发展提供必要的保障。

第二，建立县域物流信息共享平台，探索农村电商发展的第三方物流体系建设，帮助农产品、工业品供求信息的及时收集、发布和获取，利用大数据技术对农产品需求进行分析预判，引导农民进行精准生产，避免盲目生产导致供需不平衡，同时有助于扩大生产规模，引导资金、人员、商品、物流及技术在县（乡、镇、村）内形成有序的流动，实现农产品上行邮寄的规模效应，降低物流成本，提高整体效益。通常，消费者与农民通过电商信息平台实现信息互通，彼此建立信任。农民可在信息平台上发布农产品的生产情况，消费者通过信息平台可以充分了解农产品的种植过程、养殖过程及制作过程，对满意的农产品直接预定，消除中间环节，农产品生产完成后可直接进入流通环节，降低农产品在农户处的储存成本，减少储存时间，保证农产品的新鲜品质。此外，电商交易的相关方，通过平台对物流信息的追踪和物流服务的评价，促进农村电商物流企业的监管水平和服务质量的提升。考虑到农村消费者对互联网技术的应用能力，可以在乡和村一级设立专门的信息联络员，通过农村现有的广播、公告栏、QQ 群、微信群等形式及时传递和反馈相关信息，合理运用"互联网＋农业"的相关技术，提高农村地区的电商物流管理水平。此外，在农村地区，还应建立相应的农村电商物流数据服务信息库，实现对物流信息的有效跟踪和共享，畅通物流信息链，为农民提供便利。

第三，加快人工智能、物联网等信息技术在农村电商物流中的应用。农村电商物流的发展离不开人工智能技术和物联网技术等信息技术的应用。人工智能的应用不仅能精准预测消费者需求，降低农产品供给与农产品需求之间的不平衡，还可以降低农产品的销售成本，缩短销售环节，加快农产品的流通过程。物联网技术与人工智能技术的应用能帮助企业和消费者对农产品追踪溯源，跟踪物流过程，提高农产品的质量控制和物流配送效率，从而推动农村电商物流的快速发展。

7.2　基于维度和指标要素的优化策略

根据前文对农村电商物流服务质量的评价分析可知，企业在各个维度和指标要素方面存在不同程度的问题。针对其问题，本书从以下几方向来优化农村电商的物流服务质量。

7.2.1　重点提高物流服务的经济性

物流服务经济性方面，首先考虑的是物流价格，在物流业刚出现的时候，物流的价格较为高昂，由于当时货物的运输数量较少，所以物流会受成本的限制，导致价格较为高昂。如今，电商物流业成本相对低了一些，但是物流的价格却并没有降低多少，很多商家用"包邮"来进行大肆宣传，说明邮费对于客户来说是一个较高的开销，甚至对于一些农村而言，邮费比商品价格都高。其次，农村电商消费者普遍对价格比较敏感，由于农村居民可支配收入不高，他们之所以选择网购，主要是觉得网上比实体店便宜，因此服务经济性维度是农村电商消费者最在乎的维度之一。基于此，本书从以下方面提出优化策略。

7.2.1.1　在农村举办电商培训班，改变农村消费者的观念

"一手交钱一手交货"的传统购物模式在农村地区根深蒂固，商物分离的流通模式对很多农村居民来说是很难接受的，他们会有诸多担忧，要改变这种传

统的观念就要靠宣传和培训。可以聘请电商专家、学者等在农村地区举办电商
人才培训班，向农村居民提供免费听课、咨询等服务，向他们普及电子商务的
基本概述以及发展历程、电商对人们生活的影响以及如何在网上操作购买商品、
如何支付等一系列相关知识。增强农村居民对电子商务等知识的了解和学习，
让广大农户亲自尝试利用学到的知识在网上购物的流程。如果尝试网上购物带来
了比在商店购物更好的消费体验，那么农村电商物流的市场业务就会大大增加。

7.2.1.2　为农村消费者提供增值服务，提高其满意度

农村电商物流公司通过自身业务能力的创新，实现消费者能够获得增值服
务的不断提升。这种方式就是保持原有服务功能，不断将服务水平进行个性化
的更新，比如针对农村消费者的特点，提供预约送货、代买代卖以及家电终身
免费维修等增值服务，这将会大大提高农村电商消费者的物流服务满意度。
再如，由于农村消费者活动地点不固定、活动时间也不确定，出门有时不带手机、
甚至有的不识字不会看短信，因此，快递服务人员在送货之前打电话确认什么
时间、什么地点、送到哪里等信息是很重要的。有的农民完全不会用电脑在网
上买卖商品，如果电商企业能提供免费代买代卖服务，能大大提高农村居民的
服务满意度。

7.2.1.3　降低配送成本，提高规模效益

合理控制物流成本，这是解决物流问题的关键之一。只有将物流成本控制
在一定的区间范围内，才能吸引更多的物流企业有信心投入农村电商的建设队
伍中来。具体做法包括：农村物流下乡后要做好县域内的二次分拨，在县域一
级将所有快递包裹集中起来，然后以村为单位进行二次划拨、集中配送，这样
就可以大大降低运输成本。另外不同的物流公司还可将同一区域内的物流订单
集中起来统一送货，这样既减轻了企业的资金压力，又降低了仓储成本，从而
能够大幅度缩减物流成本。在降低物流配送成本方面，天猫打造菜鸟物流建立
共同配送体系，将配送延伸到规模效益明显的城市末端、配送分散的农村地区，

通过共同配送降低配送成本；京东在打造全国性的物流网络的同时，逐渐对外开放自己的配送体系，实现配送共享；苏宁物流对于部分农村偏远地区选择可靠的第三方物流公司进行运作，比如，利用中国邮政直达乡村的物流网络；菜鸟驿站和京东物流配送都在积极寻求综合物流配送。因此，有效利用联合配送实现成本和服务的最优是提升农村电商末端配送的关键之一。

7.2.2 全面提升物流服务的便利性

由于农村地区订单量小、农村居民居住分散、物流基础设施不健全，很多农村地区快递配送到村的并不多，实现送货上门的更是罕见。因此，可以从以下几个方面提出改进措施。

7.2.2.1 发挥供销及邮政的渠道优势

电商作为农村物流的辅助工具，在消费者与零售商之间，必须有一个物流媒介来完成农产品的集散、定级、分拣、分拨以及销售工作，而供销和邮政就是完成这项任务的主体。供销合作社定位于村镇和偏远地区，熟悉农村市场，特别是计划经济时期打下的基础使其具备完善的组织体系和经营服务网络，或将成为真正意义上的农业流通领域巨头。邮政长期以来在农村布局，不仅拥有庞大的物流网络，其业务更是通达城乡各个角落。据统计，邮政在农村地区的服务网点达到 24 万多处，覆盖了全国 86% 的县市和超过 1/3 的村庄，在农村地区也能提供送货上门的服务，这是其他任何物流公司无法做到的。若能在此基础上推进县域范围内供销和邮政的战略合作，将是构建完备的农村电商物流体系的制胜法宝。

7.2.2.2 完善村级电商服务站建设

由实证结果可知，农村电商物流服务经济型与农村电商物流服务便利性是影响农村电商物流服务质量的最主要因素，因此，提高农村电商物流服务质量需要通过完善村级电商服务站并规划农村电商物流配送体系，在提高经济效益的同时增强物流服务的便利性。

第一，整合优势资源，完善村级电商服务站建设。整合商务、经信、邮政以及供销等部门在政策项目、平台网点、物流配送等方面的优势资源，完善县级电商运营服务中心服务功能，加快乡镇电商服务中心和村居（社区）电商服务站点建设，构建覆盖县、乡、村的三级电子商务运营服务网络体系，实现平台功能对接和数据对接。建成线上线下融合、综合配套、便捷实惠的村级电商服务站，以降低农户生产和生活资料的采购成本和消费成本，也可帮助农户实现经济增收，不断提高生活水平。同时，逐步扩大农村电商服务站的功能，集网络代购、话费充值、票务代购的代购中心；集农产品销售的代售中心、集信贷取现、存款的金融中心；集家电维修、办证办事的便民服务中心；集养老家政、医疗卫生以及土地流转等功能为一体的社会和公共服务中心，将这些服务延伸下乡至千村万家，在为农村电商消费者带来经济效益的同时也增强了生活的便利性。

第二，提高物流资源的利用效率。物流资源不仅包括以仓储设施、装卸设备、运输工具为代表的硬资源，而且包括以物流信息化系统、劳动力资源、物流管理软件为代表的软资源。通过建立"电商服务站"的模式，实现不同物流企业网点间的自主合作，可以有效解决农村末端物流配送的问题，以实现货物到达后的统一存储和分拣，并根据客户地址信息统一分配给不同的配送人员，这样就可以节约资源降低成本，大幅度提高农村物流配送的效率。通过汇集每个物流企业相对较少的快递，形成大量的配送单量，然后根据地址进行分拣和配送，可以积少成多，产生规模效益，减少车辆运输单位商品的成本，提高运输资源和人力资源的利用率，解决各物流企业既想实现网络覆盖，又担心运费少、成本高、配送得不偿失，配送服务差又导致投诉等问题。

7.2.2.3　健全农村电商物流配送体系

第一，调整和改进自建物流体系，降低物流成本。对于农村电商物流欠发达的地区，要加强对服务网络的优化，合理选择和布局物流中心和仓库，尽量使资源利用最大化，使较少的网点可以服务较大的区域，减少资源的配置，提高资源利用效率。同时，为了提高农村电商物流服务的经济性与便利性，也可采用市场化运作，避免资源闲置和浪费，提供诸如仓储、分拣、配送等一系列物流服务给其他企业，实现互利共赢，增加收入渠道，降低运营成本，为消费者提供经济性优惠，进而提高农村电商物流服务经济性方面的质量，缩小消费者期望与感知间的差距；优化目前农村各县（乡、镇）物流体系和地域分布情况，在自建物流体系不具有优势的地区，可以舍弃自建物流体系的新建和扩建项目，考虑通过加强与第三方物流企业的合作，改进合作关系，充分扩大物流覆盖范围，满足处于县、乡、镇、村等偏僻地方的更广大农村消费者的需求。

第二，建立健全"县－乡－镇－村"一体化的物流配送体系。进一步对县级以下的区域完善物流配送体系，对配送车辆统一标识、统一规格、统一管理，对配送中心的货架及工具实施标准化和规范化。同时在货物交接、合同运单、信息共享、责任划分以及货损理赔等方面进行统一规定，降低农村电商物流配送成本，提高物流配送效益，以此提升农村物流服务质量。在农村地区，农村电商行业科学规划农村电商物流配送路线，可以实现农村电商快递业务的快速增长，不断提升农村电商服务效率。

7.2.2.4 提供灵活便利的取送件时间

对于农村消费者来说，采用合理、灵活的送货时间非常重要。众所周知，农村地区居民生活习惯与城市不太一样，大部分居民农忙时节白天干农活，农闲的时候劳动力就地转移，靠打零工赚零花钱，因此农村居民生活作息没有规律。所以，物流服务人员送货前要打电话预约一下，站在消费者的角度为他们服务，这样会极大提高他们的服务便利性和物流服务满意度。

如果不能够对送货上门进行落实，那么对各大地区"菜鸟驿站"的模式也可以进行借鉴，在农村可以适当建设一两个代收点，在代收点的作用下，让客户对物品进行签收，这样一方面提高了物流的效率，另一方面也能够让地址的填写更加便利。而且这样的代收点能够在一定程度上对于商品退货有帮助，也能够让客户在对包裹进行拆分的时候，有一个第三方见证，避免了物品出现问题后找不到追责人的情况发生。此外，农村电商物流业也可以采用顺丰的配送模式，顺丰速运启动夜间配送服务，从而使收取快件的时间更加灵活。大部分农村居民在农忙时节白天干农活不方便收取快递，这种夜间配送模式可以说是一种便利选择。

7.2.2.5　加大对农村电商物流服务全程的监控

充分利用现代通信和信息技术对农村电商物流服务进行全程监控和管理，包裹每到一个中转点就发送信息到农村电商消费者手机上，随时保持与农村电商消费者良好的沟通，针对电商物流服务过程中遇到的不可控因素等，能够第一时间向消费者说明，并采取完善的争端解决机制，建立补偿机制，以便妥善处理服务过程中的各种不确定因素。

7.2.3　着力改善物流服务的响应性

响应性指服务商帮助顾客及提供便捷服务的自发性。服务的响应是电商工作质量的重点，要提高农村电商物流服务的响应性，应从以下几方面着手。

7.2.3.1　电商的响应性

一般情况下，响应速度快的商家能够得到用户的认可。首先，对于发货的速度，很多商家一般是积累到一定的量再进行发货，这样用户对商家的评价就会变得较低，所以如何提高自身的响应效率是商家必须要做的。农村的环境存在一定的问题，很多农村住户在对商品发货的反馈上更为敏感，这就会产生很多的商家在发货上一旦出现问题整个评价就会直接跌落谷底，在这样的情况下，提高自身的反应速度以及效率是每一个电商都必须做到的。其次，对于退货的反馈，退货是电子商务中较为常见的一种解决问题的方式，很多的商品在退货的时候，由于不清楚责任出自哪一方，所以在退货的过程中，容易出现双方各执一词的现象，在长期的交涉下，双方都会认为错误不在自己身上，最终将错误推向物流，此现象在整个行业中是非常普遍的，这就需要商家对物流进行监督，做出系统的规范，提高退货的反馈效率。

7.2.3.2 消费者获得及时的响应性

当今社会，电商不断交替更新，新媒体、交互平台层出不穷，从线上到线下，为用户带来了极大便利，第三方电商交易平台应当充分利用好这些资源，将自身优势与资源结合好，更加有效地为用户提升个性化服务。当消费者在使用电子商务平台时，遇到问题，询问未果，投诉无门，或是处理有问题，会影响到消费者的购物感受和体验。因此在农村电商物流服务质量的维度中，响应性在农村电商平台上的影响力主要体现在能够帮助消费者，提供有效的消费者期望的服务。若能及时处理消费者需求，投诉等方面，消费者获得及时的响应性，消费者的满意度自然会提高，也就必然会影响到对网站的服务质量的评价。

7.2.3.3 后台配送动态信息的响应速度

在终端配送期间，常常出现电商后台显示的配送信息晚于物品实际位置信息，因此，加快后台物品配送动态信息的响应速度，使显示信息的更新速度等于物品实际位移速度，两者达到一致性，这样顾客接收到的配送信息才是准确、实时的，顾客才能精准定位物品位置，最终达到准确配送服务。

7.2.3.4 提高员工服务响应速度

为了提高农村电商物流员工的服务响应速度，需要做到：首先，在招聘员工时，应适当提高进入门槛，注重应聘人员的各方面素质，尤其是相关工作经验和专业知识掌握情况。电商企业还应重视对员工的服务技能与专业知识的培训，定期安排电商物流业优秀服务人员参加外出培训；不定期对员工掌握电商物流信息的情况进行检查，从多方面多角度提升员工的素质。其次，为各部门提供固定兼职，减少培训成本与时间成本，利用新型通讯平台，组建微信工作群，由部门主管及时收发信息，传递实时信息，减少因信息传递带来的服务质量下降。

7.2.4　统筹规划物流服务的信息性

提高农村电商物流服务的信息性既是对自身的提高和夯实，同时也是抓住客户、尊重客户的重要途径。当前社会云技术、物联网的发展如火如荼，各行各业如果能抓住时代的机遇就会抓住发展的先机，在竞争中获取养分，不断壮大自己。

7.2.4.1　加快实现农村宽带网络全覆盖，推进提速降费

尽管在政策的推动下，中国农村信息基础设施日益完善，农村网民规模增长快速，但是城乡"一级数字鸿沟"并没有得到弥合。中国互联网络信息中心第 21 次《中国互联网络发展状况统计报告》统计显示，2007 年城市互联网普及率为 26.0%，农村互联网普及率为 7.4%。第 43 次《中国互联网络发展状况统计报告》统计显示，2018 年城市互联网普及率增长到 74.6%，农村互联网普及率增长到 38.4%。城乡互联网的接入可及性差距明显。未来要进一步加大力度推进农村信息基础设施建设，继续深入推进"村村通工程"，全面实施信息进村入户工程，在乡村战略背景下，优先实现重点村宽带网络全覆盖的基础上，加快实现所有村庄的宽带网络全覆盖。要加快电信网、广播电视网、互联网升级改造，继续推进光纤到村建设，提高宽带网络接入速率，提高支持三网融合业务的能力。

7.2.4.2　优化大数据技术在物流配送中的使用

从 SERVQUAL 模型中，我们可以看到消费者对于网站的功能设计方面，

应当加强信息平台的技术支持,提供更加自主的网页设计供商家选择,除此以外,可以多倾听用户对平台版面等方面的想法。客户问题反馈和投诉处理:对于客户反馈的问题,天猫平台能够及时、有效且快速地处理消费者反馈的建议和问题,在处理问题和流程环节能够更加人性化,兼顾到买卖双方的利益。今后,农村电商物流更需要借助于大数据技术,灵活地调度车辆,有效地对每一个环节进行监管,提高物流效率。如建立机器学习模型来优化车辆调度,对所有配送路线的路径长度、配送次序进行整体优化。此外,还需要加强硬件建设,尽量为所有配送车辆装备先进的信息收集设备,实时更新信息,而不是单一的地理位置信息。

7.2.4.3 加强信息技术实力提升

从目前农村电商平台的运营情况看,要提高技术水平,云服务以及云计算的能力,用以满足电商脉冲式增长的需求。电子商务交易平台的安全问题,由于一些企业缺乏足够的技术人员,因此,需要电商平台提供足够安全的系统。同时,不少企业因为网络基础设施建设比较落后或者没有较为完善的安全管理制度和专业的维护人员,遭受到攻击的时候可能会迅速地崩溃。如天猫平台从界面的颜色、导航等设计,一定程度上满足了买家的浏览习惯。然而,随着消费者需求的不断提高,需要电商平台不懈努力来迎合消费者的需求,从而提高其满意度。

7.2.5 积极关注物流服务的移情性

移情性是指企业和服务人员能设身处地为顾客着想,努力满足顾客的要求,这就要求服务人员有一种投入的精神,想顾客之所想,急顾客之所需,了解顾客的实际需求,以至特殊需求,千方百计地予以满足;给予客户充分的关心和相应的体贴,使服务过程充满人情味,这便是移情性的体现。通常,移情性有以下特点:接近顾客的能力、敏感性和有效地理解顾客需求。

（1）移情性决定了是否让顾客在服务过程中获得身心愉悦的体验，这和服务工作及工作态度息息相关。员工之间相互协作，在相互理解的基础上得到上下级信任；通过建立标准加强监管，逐步完善服务标准化，加强员工个人工作能力培训，特别是独立解决问题的能力，遇到意想不到的情况可以冷静地处理所有客户投诉，并及时给予反馈，改善工作中存在的不足。物流和客服人员的招聘应该是积极的，增加适量的客服人员，确保及时回应客户的问题。

（2）移情性主要体现在能够接近客户，了解和掌握客户的需求。对于电商企业而言，不管网上购物送货是自己完成还是雇佣别的物流公司，送货人员的服务意识和态度，以及是否为客户着想，这些都是关乎物流服务质量的重要内容。因此移情性是电商企业发展的重中之重。为此，在客户服务方面，应重点关注误差处理、增值服务和快递包装；在物流企业方面，应加大运输网络和保税仓建设，解决退换货难题，提高误差处理效率；对于商家来说，应从根本上降低逆向物流，针对稍有瑕疵的商品给予一定的优惠折扣，减少退换货事件的发生，或设立线下体验店，这样既有助于商品展示又能够高效处理退换货问题。此外，卖家在发货时应选择合适的包装，加强包裹保护措施，减少丢失破损和资源浪费。

（3）激励农村电商物流服务人员坚持以顾客为中心，重视顾客、关怀顾客、理解顾客。一是及时应对农村电商物流的突发情况，真正做到能及时分析整理顾客反馈的信息，不断改进服务质量，从而整体提高企业的物流服务质量。二是适当增加客服人员，保证合适数量的客服人数，避免服务能力不足而引起的顾客不满的情况，加强跨部门沟通，及时对顾客的问题做出应答。三是建立和完善信息保密制度，加强对交易信息和个人信息的管理，对于泄露信息的人要加重惩罚力度，严防员工泄漏客户信息的情况发生。

7.2.6　切实保证物流服务的可靠性

由于是隔着网络进行交流，所以在没有实物的情况下，电商和客户之间是没有办法就商品进行当面讨论的，往往呈现出客户询问、电商进行回答的情景，在这个过程中，电商要获得较好的市场口碑，就需要提高自身的服务意识以及服务满意度，让消费者能够看到更优质的物流服务感知体验。

7.2.6.1 增加顾客对物流服务感知体验

在可靠性方面，物流服务基本要满足顾客期望，货物的包装及完好性、货物的准确性做得都相对较好，但是并不意味着可以不对其进行改进。在调研过程中发现客户还是存在这方面的抱怨，这直接影响到企业的物流服务满意度和企业的良好发展，因此要继续保持并持续改进可靠性方面的物流服务质量，以求得到长期的相对竞争优势，给客户带去较好的物流服务感知体验。

7.2.6.2 确保货物到达客户的各环节无误

为确保货物安全到达客户手里，需要加强对各环节的监管。首先，加强对订单处理和出货管理，在订单出货时仔细核对订单信息，保证货物的准确性及收货地址和收货信息的准确性，不错发漏发；加强员工及物流人员的操作规范，建立标准化作业，发货前检查货物是否完好无损，采用适当的保护性包装，装卸运输过程中严禁野蛮操作，保证货物的完好性，时刻秉承"以百分百做对事"的态度工作。其次，在货物运输的过程中，要小心对待货物，不能随意扔，更不能随意破坏。因为商品的包装、规则和美观的外观会让顾客满意，达到移情性的目的。同时，在物流运输过程中，要保护顾客隐私，不能私自拆开物品，不泄露顾客购买的东西的信息和顾客的联系电话；网络服务公司要在得到顾客允许的情况下向顾客发送推送消息，不能强制推送。最后，货物在到达时，保证按质量和数量要求及时交付客户，确保产品交货的及时性，提高接货速度。

7.2.6.3 加大对电商物流服务全程的监控

充分利用现代通信和信息技术对电商物流服务全程监控和管理，包裹每到一个中转点就发送信息到农村电商消费者手机上，随时保持与农村电商消费者良好的沟通，针对农村电商物流服务过程中遇到的不可控因素等，能够第一时间向消费者说明，并采取完善的争端解决机制，建立补偿机制，以便妥善处理服务过程中的各种不确定因素。

7.2.6.4　加快农村电商物流人才培养

人才队伍短缺是制约农村电子商务发展的主要方面，增强农村电商物流服务的可靠性与移情性都需要高素质、高层次的电商物流服务人才。因此，我国要加大力度，拓展人才培养方式与方法。一方面，地方政府应当建立健全人才管理及激励制度，鼓励电子商务物流专业人才参与新农村建设，吸引在城市历练过的思维活跃、懂互联网，又有家乡情结的新农人返乡创业。另一方面，要创新人才培养模式，积极探索村、校、企商三方协同培养电商物流人才的机制。村校企协同培养机制是由政府统筹，立足于农村，实施有针对性的人才培养策略。

农村电商物流配送的融合发展，需要依靠高素质、高层次电商物流人才的推动，既懂电商又精通物流配送的复合型人才是两者融合发展的关键。笔者通过研究发现，大多数院校的专业设置中，电子商务和物流管理是相对独立的两个专业，忽略了复合型人才的培养。高素质、综合型电商物流人才尚处于极其缺乏的状态。应加强对电商物流综合型人才的培养力度，强化农村电商和物流配送职业技能与专业技术应用，引导物流从业人员参与农村电商的相关培训。

第8章 结论与展望

　　本研究注重与社会实际相结合来解决农村电商物流服务中的现实问题，首先在国内外研究述评的基础上，对相关概念进行界定并对农村电商物流的基本理论进行了概括和总结，在此基础上，根据乡村振兴战略下农村电商物流的发展现状和特点，对农村电商物流服务中，政府与物流企业合作的演化博弈以及物流企业与乡村物流服务网点协作与服务质量监督进行博弈分析，并通过构建农村电商物流服务质量评价指标体系进行评价，在此基础上提出优化农村电商物流服务质量的相关策略，从而为我国提升农村电商物流服务质量提供合理有效的指导和依据。本书的主要结论如下。

　　（1）本书对政府与物流企业间是否合作构建农村物流体系进行演化博弈，分析了不同因素对其策略选择的影响，在双方策略选择最终趋向于（支持，参与构建）时，又进一步分析了物流企业与乡村物流服务网点协作与服务质量监督的演化博弈，得到了以下结论：物流企业的监督成本与农村物流服务网点选择不欺骗策略的概率成反比；当农村物流网点采用降低服务质量方式来获取的额外收益越大时，物流企业选择监督的概率会越会越大；农村物流服务网点被处以的罚款金额与物流企业选择监督的概率成反比与，农村物流网点选择不欺骗策略的概率成正比；物流服务质量的可测量程度与物流企业监督的概率成反比，与农村物流网点选择欺骗的概率成正比；对于服务质量较高的农村物流网点，绩效报酬率与物流企业监督的概率成反比，当农村物流网点服务质量较低时，绩效报酬率与监督的概率成正比；对于服务质量缺陷率较低的农村物流网点来说，服务质量缺陷率与监督的概率成反比，当农村物流网点拥有的服务质量缺损率较高时，服务质量缺损率与监督的可能性成正比。最后根据博弈结果提出优化农村电商物流服务质量的方法与建议，为提高物流服务工作效率、优化物流共享信息系统等提供参考建议。

（2）构建了适用于农村电商物流服务质量评价指标体系并进行评价。

本研究根据 SERVQUAL 模型和 LSQ 模型对物流服务质量研究基础上结合农村电商物流服务质量特点及影响因素等，初步构建了农村电商物流服务质量的评价指标体系，并根据指标体系的维度和指标设计量表和问卷，运用 SPSS19.0 数据分析模型在检验问卷具有很好的可信度以及构建效度之后，通过回归分析法比较各维度以及指标的权重，计算各维度权重结果可得：服务经济型权重＞服务便利性权重＞服务响应性权重＞服务信息性权重＞服务移情性权重＞服务可靠性权重，也就说明了农村电商物流服务的经济型和便利性是影响农村电商物流服务质量的关键因素。对于指标权重计算结果可知：在服务便利性维度下物流配送便利性占据重要地位；在服务响应性维度下客户投诉处理速度是其关键影响因素；在服务可靠性维度下货物完好性对服务可靠性的贡献度最多；在服务经济性维度下物流价格标准对其影响力最强；在服务信息性维度下物流信息查询占据重要地位；在服务移情性维度下物流服务人员态度及专业是其关键影响因素。

（3）本书通过个案研究，特别是以农村电商物流服务发展的典型代表山西隰县为例，通过问卷调查及访谈，初步确定影响隰县农村电商物流服务质量的主要因素，在此基础上，本书采用因子分析法进一步对各项影响因素进行修正，并根据得出的因子负载表对最终因素进行归纳整合，进而形成四类综合影响因素。在得到影响隰县农村电商物流服务质量的四类因素后，本书进一步对这四类因素进行相关性分析，检验并确定各项因素与农村电商物流服务质量之间的相关关系。最后，通过对四类因素进行回归分析，得出其对隰县农村电商物流服务质量的影响程度及重要程度。

（4）本书根据对农村电商物流服务质量的评价分析，针对存在的问题，从宏观和微观两个角度来改进和提升农村电商物流的服务质量。从服务经济性、服务便利性、服务响应性、服务信息性、服务移情性及可靠性六个维度分别给出了农村电商物流服务质量的建议，为农村电商物流服务质量的提升提供了一定的参考价值。

由于时间的局限性，本研究还存在着以下几方面不足，希望能在今后的工作中进一步完善。

第一，农村电商物流涉及的利益相关者较多，对这样一个现实的综合问题进行系统的利益博弈分析，本身具有一定挑战性。本书仅对政府与物流企业、物流企业与乡村物流服务网点进行演化博弈分析，今后还要对其他的利益相关主体进行博弈分析。

第二，研究内容有待进一步深化。由于精力和时间的限制本书只研究了农村电商消费者通过电商平台将城市的农资产品、日常生活用品及家用电器等工业品通过物流配送到达农村电商消费者手中，即工业品下乡这一单向电商物流，没有对农村地区农产品通过电商平台进入城市地区而产生的物流服务质量进行研究，同时也没有对农村电商消费者购买的商品进行细分，而不同的商品类型，对物流服务的要求和质量评价在一定程度上可能存在差异，因此指标体系的构建可以更细化。

参考文献

阿伦特，2010. 乡村设计 [M]. 叶齐茂，倪晓晖，译. 北京：中国建筑工业出版社.

奥斯特罗姆，2012. 公共事物的治理之道：集体行动制度的演进 [M]. 余逊达，陈旭东，译. 上海：上海译文出版社.

曹晓云，李志敏，刘巍，等，2017. 新型供应链协同电子商务模式研究 [J]. 条码与信息系统（1）：38-43.

曾军，2018. 发展农村电商助力乡村振兴 [J]. 电子商务（7）：19-20.

柴锐，柴文虎，2019. 浅谈乡村振兴战略下农村电商的发展 [J]. 农业技术与装备（11）：62-64.

陈峰，2009. 虚拟物流电子商务信息服务平台构建研究 [J]. 经济论坛（11）：108-110.

陈国伟，2016. 农村电商物流循环取送货模式研究 [D]. 北京：北京交通大学.

陈恩，2019. "互联网+"下农村电商发展研究 [J]. 网络商务（12）：84-85.

陈姝含，2019. 陈健乡村振兴战略下对于农村电商物流发展的思考——以灌云县同兴镇为例 [J]. 物流工程与管理（5）：10-12.

陈婉婷，2017. 基于大数据分析的农村电商物流最后一公里的配送问题研究 [J]. 现代电子技术，40（22）：39-41.

陈锡文，2013. 当前我国农村改革发展面临的几个重大问题 [J]. 农业经济问题（1）：4-6.

陈晓琴，王钊，2017. "互联网+"背景下农村电商扶贫实施路径探讨 [J]. 理论导刊（5）：94-96.

陈旭堂，彭兵，2016. 乡村命运寄于社区内外——美国乡村变迁的启示 [J]. 浙江学刊（3）：204-209.

陈耀龙，2019. 乡村振兴战略下的农村电商发展研究 [J]. 当代农村财经（2）：55-57.

陈友益，2019. 乡村振兴战略视域下农村电商物流模式创新研究 [J]. 商业经济（4）：61-63.

成石，2011. 发达国家在农产品追溯方面的经验 [J]. 商业现代化（21）：18.

程启原，2018. 乡村振兴战略背景下推进广西农村电商发展对策研究 [J]. 经济与社会发展
（5）：25-31.

储玉环，余呈先，2018. 乡村振兴战略视野下农村电商发展的问题与对策 [J]. 创业与经济发展
（5）：36-39

崔国胜，孔媛，2004. 法国农业信息化发展状况 [J]. 世界农业 (2)：40-41.

蒂默斯，1998. 六大电子商务发展战略 [M]. 北京：机械工业出版社：49-62.

丁丽芳，2020. 我国农村物流发展的问题与对策 [J]. 经济评论（9）：21-24.

董坤祥，侯文华，丁慧平，等，2016. 创新导向的农村电商集群发展研究——基于遂昌模式
和沙集模式的分析 [J]. 农业经济问题，37（10）：60-69.

杜洪燕，陈俊红，龚晶，等，2018. 国内外乡村振兴典型案例分析与经验借鉴 [J]. 政府治理评
论，3（1）：3-13.

范林榜，2016. 农村电子商务快递下乡配送问题与对策研究 [J]. 农村经济（9）：121-124.

丰佳栋，2016. 大数据视角下现代农村物流服务质量的创新 [J]. 物流科技（3）：9-12.

冯子璇，2019. 乡村振兴战略下农村电商发展探讨 [J]. 合作经济与科技（10）：80-81.

傅俊，2016. 农村电商在促进区域经济发展中的新模式 [J]. 经营与管理（12）：19-21.

耿荣娜，曹丽英，2016. 基于 AHP 方法的农村电子商务发展制约因素 [J]. 江苏农业科学，
44（9）：535-539.

郭承龙，2015. 农村电子商务模式探析——基于淘宝村的调研 [J]. 经济体制改革（5）：110-115.

郭宁宁，徐凌，2018. 基于"互联网+"的农村电商信息化建设研究 [J]. 中国石油大学学报（社
会科学版）（4）：19-23.

韩剑鸣，2013. 农村电子商务供应链发展模式及定价探讨 [J]. 商业时代（17）：43-45.

何飞，黄体允，李英艳，2009. 电子商务下农产品物流运作模式研究 [J]. 科技经济市场（7）：
96-97.

何慧丽，2012. 当代中国乡村复兴之路 [J]. 人民论坛（31）：52-53.

贺雪峰，2012. 农村精英与中国乡村治理——评田原史起著日本视野中的中国农村精英:关系、

团结、三农政治 [J]. 人民论坛（12）：90-94.

洪勇，2016. 我国农村电商发展的制约因素与促进政策 [J]. 商业经济研究（4）：169-171.

侯朝卿，2017. 电子商务环境下农产品物流模式优化研究 [D]. 北京：首都经济贸易大学.

侯晴霏，侯济恭，2011. 以区域为核心的农村电子商务模式 [J]. 农业网络信息（5）：5-8.

胡琴，魏君英，2018. 乡村振兴战略视域下农村电商发展困境及对策 [J]. 长江大学学报（自然科学版）（18）：75-78.

胡天石，2005. 中国农产品电子商务模式研究 [D]. 北京：中国农业科学院.

胡月阳，2019. 新形势下农村电商物流发展之路 [J]. 营销界（2）：26-28.

华耀军，2019. 供应链管理背景下的湖北省农村电商物流发展模式探究 [J]. 湖北工业职业技术学院学报，32（3）：49-52.

黄华继，2017. 新型农业经营主体融资状况研究——以太湖县为例 [J]. 财经科技（4）：17-20.

黄激，2013. 物联网环境下农产品追溯系统构建研究 [J]. 农业与技术（1）：23-24.

黄振雷，2016. 农村电子商务物流运作模式分析 [J]. 商（23）：78-79.

贾俊民，葛文光，2013. 关于三农概念与三农问题提法的考察 [J]. 中国农村观察（5）：86-94.

蒋侃，2005. 基于价值链分析的农产品电子商务应用研究 [J]. 改革与战略（4）：61-63.

蒋永甫，宁西，2018. 乡村振兴战略主题转换、动力机制与实践路径 [J]. 湖北行政学院学报（3）：83-88.

蒋永穆，2018. 基于社会主要矛盾变化的乡村振兴战略：内涵及路径 [J]. 社会科学辑刊（2）：15-21.

康春鹏，2014. 我国农村电子商务研究综述 [J]. 农业网络信息（12）：82-85.

科尔曼，2006. 生态政治：建设一个绿色社会 [M]. 梅俊杰，译. 上海：上海译文出版社.

孔祥智，2019. 实施乡村振兴战略的进展、问题与趋势 [J]. 中国特色社会主义研究（2）：5-11.

李昌平，2017. 中国乡村复兴的背景、意义与方法——来自行动者的思考和实践 [J]. 探索与争鸣（12）：63-70.

李灯华，李哲敏，许世卫. 我国农业物联网产业化现状与对策 [J]. 广东农业科学，42（20）：149-157.

李国祥，2016. 农村一二三产业融合发展是破解"三农"难题的有效途径 [J]. 中国合作经济（1）：32-36.

李佳妮，2010. 湖南省农产品电子商务发展策略研究 [D]. 长沙：湖南农业大学.

李坚强，2018. 农村电商集群发展的基本模式与路径选择研究 [J]. 农业经济（1）：142-144.

李玲芳，徐思远，洪占卿，2013. 农村电子商务：问题与对策 [J]. 中共福建省委党校学报（5）：
  70-74.

李鲁，李剑芳，2019. 乡村振兴战略背景下农村电商高效化发展的路径探索 [J]. 价值工程（6）：
  62-64.

李鸣涛，2019. 乡村振兴战略下的农村互联网新机遇 [J]. 企业观察家（2）：44-45.

李楠，2019. 农村电商物流服务质量的优化策略 [J]. 广东蚕业（7）：53-54.

李培林，2015. 全球化与中国"新三农"问题 [J]. 福建行政学院福建经济管理干部学院学报
  （2）：1.

李泉，2017. 精英培育、秩序重构与乡村复兴 [J]. 人文杂志（3）：120-128.

李蓉，杜海玲，2019. 农产品电商物流模式发展研究 [J]. 商讯（32）：128-130.

李穗豫，2008. 基于电子商务农产品物流体系的构建研究 [J]. 商场现代化（3）：155-157.

李维岳，2011. 过疏化与贫困乡村活力问题调查分析 [J]. 沈阳工程学院学报（社会科学版），
  7（4）：485-488，520.

李想，王越，王蓉，2019. 振兴乡村战略下农村电子商务发展痛点与对策研究——以辽西为
  例 [J]. 时代金融（12）：77-78.

李煊，2014. 农村电商的双边市场模式 [J]. 中外企业家（33）：10，16.

李亚杰，2015. "互联网＋"背景下农村电子商务物流发展研究 [J]. 商（29）：237.

李业芹，2018. 绿色发展助力乡村振兴 [J]. 人民论坛（6）：68-69.

李宇，2017. 商洛柞水县农村电商物流配送模式及路径优化研究 [D]. 西安：西安建筑科技
  大学.

李志刚，2007. 扶植我国农村电子商务发展的条件及促进对策分析 [J]. 中国科技论坛（1）：
  123-126.

李智，张小林，陈媛，2017. 基于城乡相互作用的中国乡村复兴研究 [J]. 经济地理，37（6）：
  144-150.

李周，2018. 乡村振兴战略的主要含义、实施策略和预期变化 [J]. 求索（2）：44-50.

梁云，刘培刚，2009. 中国农业电子商务发展途径分析 [J]. 华中农业大学学报（社会科学版）

（5）：1-5.

列柏洪，2019. 乡村振兴战略下农村电商与农产品物流协同发展模式与策略研究 [J]. 北京印刷学院学报（4）：63-65.

林华，2005. 发展农产品电子商务的途径和措施 [J]. 农业与技术（3）：40-41.

林禄苑，王子飞，2019. 乡村振兴战略背景下广东农村电子商务创新发展对策研究 [J]. 湖南工程学院学报（29）：4-7.

林啸啸，彭润华，2018. 我国农村电子商务研究综述 [J]. 农村经济与科技（29）：152-154.

林毅夫，2013. "三农"问题与我国农村的未来发展 [J]. 农业经济问题（1）：18-21.

刘初明，2017. 借力电商发展实现城乡联动努力成为承接"乡村振兴战略"的主力军 [J]. 中国合作经济（12）：21-22.

刘金璐，2016. 我国农产品电子商务物流发展问题研究 [J]. 市场周刊（3）：29-31.

刘亢，宁如，2017. 校企合作背景下农村电商人才创业能力培养研究 [J]. 商场现代化（16）：38-39.

柳萌，2017. "互联网 +"背景下农村电商发展模式探索及物流支撑体系创新 [J]. 价值工程（17）：100-101.

卢习良，2016. 新时期发展农村电子商务的建议 [J]. 中国管理信息化，19（22）：121-122.

鲁锡杰，2016. 农村电商发展困境剖析 [J]. 人民论坛（26）：84-85.

罗煦钦，童小虎，俞俊，2014. 基于电子商务的农产品物流配送体系的研究 [J]. 电子商务（1）：30-31.

吕丹，2015. 基于农村电商发展视角的农村剩余劳动力安置路径探析 [J]. 农业经济问题（3）：62-68.

马金海，石瑞丽，颜颖，2016. 探析我国农村电商发展现状与对策 [J]. 求知导刊（12）：48.

马小雅，黄武，2017. "互联网 +"背景下广西特色农产品电商物流发展研究 [J]. 价格月刊（1）：82-85.

马自欣，梁雪爽，2017. 农村电商物流"最后一公里"存在的问题及模式创新研究 [J]. 江汉大学学报（社会科学版），34（6）：70-74.

梅多斯，2006. 增长的极限 [M]. 北京：机械工业出版社.

宁家骏，2015. "互联网 +"行动计划的实施背景、内涵及主要内容 [J]. 电子政务（6）：

32-38.

庞爱玲，2019. 乡村振兴战略下农村电商产业发展困境与路径 [J]. 农业经济（7）：123-124.

彭璧玉，2001. 我国农业电子商务的模式分析 [J]. 南方农村（6）：37-39.

彭剑，2008. 湖南省农产品电子商务推进策略研究 [D]. 长沙：湖南农业大学.

钱俊，2018. 乡村振兴战略视野下农村电商的发展与人才培养研究 [J]. 农业经济（11）：108-110.

邱泽奇，2018. 电商发展形塑的乡村秩序——菏泽市农村电商的案例分析 [J]. 国家行政学院学报（1）：18-23.

沈费伟，刘祖云，2016. 中国乡村复兴研究：学术进展与未来走向 [J]. 领导科学（23）：12-15.

沈函玉，卢奇，2015. 我国农村电子商务发展研究述评 [J]. 商（42）：97-98.

沈艳萍，2017. 西南民族地区农村电商融入县域经济的实证研究 [J]. 商业经济研究（23）：119-121.

石磊，2012. 中国农村信息化中移动电子商务发展研究 [D]. 北京：北京邮电大学.

宋李敏，李常洪，2006. 社会主义新农村建设中农村物流体系建设的对策研究 [J]. 科技与管理（6）：45-48

孙华，2017. 基于云计算的一体化农村电子商务模式的构建 [J]. 农业经济（3）：127-129.

孙会，2018. 探析电子商务助力农村精准扶贫问题 [J]. 新商务周刊（10）：293.

孙琳，2019. 乡村振兴战略下农村电商发展的新契机 [J]. 经济纵横（2）：87-88.

孙伟，李鸣涛，2019. 县域电子商务发展现状与趋势分析 [J]. 农民科技培训（3）：24-26.

孙晓莉，2018. 产业集聚度视角下电子商务应用与供应链协同的关系研究 [D]. 杭州：杭州电子科技大学.

谭新明，童光展，2018. 互联网＋视角下农村电商物流配送运作模式分析 [J]. 中国商论（1）：16-17.

唐任伍，2020. 新时代乡村振兴战略的实施路径及策略 [J]. 人民论坛学术前沿（8）：56-59.

滕玉英，2007. 中日两国农产品物流体系比较 [D]. 北京：对外经济贸易大学.

王超，龙飞扬，2017. "一村一品一店"农村电商发展模式浅析——以江苏宿迁市宿豫区为例 [J]. 江苏农业科学，45（4）：293-295.

王超超，李孝坤，李赛男，等，2016. 基于乡村旅游视角的乡村复兴探析——以重庆市万州区凤凰村乡村公园建设为例 [J]. 重庆师范大学学报（自然科学版），33（6）：162-168.

王从盛，2020.乡村振兴背景下农村电商发展对策研究 [J]. 现代营销（1）：184-185.

王殿安，王凤羽，2011.低碳经济背景下农业经济发展方式转变的思考 [J]. 农业经济（12）18-21.

王凤良，2016.拓展新常态下农村电商的发展路径 [J]. 群众（7）：35-36.

王公强，2010.电子商务环境下物流发展的探讨 [J]. 价值工程（29）：11-13.

王桂平，2011.电子商务环境下我国农产品的物流运作探讨 [J]. 山东农业科学（11）：115-119.

王佳宁，2017.乡村振兴视野的梁家河发展取向 [J]. 改革（11）：16-18.

王甲午，2011.辽宁农村土地流转现状及对策建议 [J]. 农业经济（12）：78-79.

王京海，张京祥，2016.资本驱动下乡村复兴的反思与模式建构——基于济南市唐王镇两个典型村庄的比较 [J]. 国际城市规划，31（5）：121-127.

王康，陈修颖，2016.农村电商大趋势下的农产品物流转型发展 [J]. 江苏商论（5）：40-43.

王昆，2019.推动乡村振兴的农村电商生态圈形成路径研究 [J]. 河南农业（5）：57-59.

王沛栋，2016.我国农村电子商务发展的问题与对策 [J]. 中州学刊（9）：43-47.

王强，2016.农村电子商务发展面临的问题及策略 [J]. 当代农村财经（3）：62-64.

王蕊，2016.农业经济发展实施"互联网+"战略途径研究 [J]. 农业经济（3）：26-27.

王伟明，2009.农村电子商务市场潜力分析 [J]. 经济研究导刊（20）：197-198.

王勇，李广斌，2016.乡村衰败与复兴之辩 [J]. 规划师，32（12）：142-147.

魏后凯，2019.如何走好新时代乡村振兴之路 [J]. 人民论坛学术前沿（3）：14-18.

温辉，2017.我国农村电商"互联网 + 农业"创新发展策略 [J]. 改革与战略（6）：110-112.

吴宏伟，万江涛，2008.关于我国发展农产品电子商务的思考 [J]. 中国市场（8）：72-73.

吴江，2019.基于供给侧改革的农村电商物流资源配置优化方法研究 [D]. 北京:北京交通大学.

吴坤，2018.谈苏北地区农村电商的发展——以徐州为例 [J]. 商业经济研究（2）：71-72.

吴丽芳，2018.山西省农产品电子商务发展现状及优化研究 [J]. 全国流通经济（36）：8-9.

吴晓萍，2010.安徽农村电子商务的创新发展探讨 [J]. 商业时代（3）：117-119.

吴永鑫，2017.物流无人机在中国农村电商物流市场应用研究 [D]. 深圳 : 深圳大学.

伍星华，徐玉辉，唐琼，2018.衡阳市农产品电商物流配送模式浅议 [J]. 合作经济与科技（12）：132-133.

武晓钊，2016.农村电子商务与物流配送运营服务体系建设 [J]. 中国流通经济，30（8）：99-104.

武振坤，2018.公共政策视域下"三农"发展面临的机遇与挑战及对策分析 [J].（28）：230-231.

夏丹，2013.扶持家庭经营培育新型农民：创新农业新型经营主体的蚌埠探索 [J].农经（2）：20-21.

夏文汇，2003.电子商务平台下农产品物流运作模式研究 [J].农村经济，（7）：5-6.

项继权，周长友，2017."新三农"问题的演变与政策选择 [J].中国农村经济（10）：1-13.

熊爱珍，熊爱荣，刘列转，2018.农产品电子商务物流配送体系构建研究 [J].物流科技（8）：75-77.

徐芳，2012.我国农村电子商务现状及其对策研究 [D].南京：南京大学.

徐同胜，艾琦，2008.试论我国物流电子商务发展策略 [J].企业经济（11）：133-135.

徐勇，2010.政党下乡：现代国家对乡土的整合 [J].学术月刊（8）：13-20

许军林，2018.农村电商扶贫机制与策略研究 [J].中国商论（20）：25-28.

许世卫，2016.大数据助力现代农业转型升级 [J].中国合作经济（3）：15-16.

许学梅，2017.互联网金融视域下新型农业经营主体融资模式创新 [J].商业经济研究（18）：160-161.

严金明，迪力沙提，夏方舟，2019.乡村振兴战略实施与宅基地"三权分置"改革的深化 [J].改革（1）：5-17.

严力群，2016.供给侧改革背景下农村电商发展策略研究 [J].科技经济导刊（10）：32.

杨淏然，2019.谈乡村振兴战略下农村电商发展的新契机 [J].智库时代（13）：4-6.

杨会全，2014.农村电子商务发展研究述评 [J].安徽农业科学，42（5）：1539-1541.

杨慧娟，2019."互联网+"背景下农村电商发展模式探究 [J].中国市场（11）：184-192.

杨静，刘培刚，王志成，2008.新农村建设市农业电子商务模式创新研究 [J].中国科技论坛（8）：117-121.

杨平，2016.农村电子商务发展的政府支持研究 [D].湘潭：湘潭大学.

杨燕，王伟，2011.从消费者角度看特色农产品电子商务发展 [J].山西农业大学学报（1）：68-71.

杨仪青，2018.城乡融合视域下我国实现乡村振兴的路径选择 [J].现代经济探讨（6）：101-106.

杨永超，2017.供给侧改革背景下我国农村电商发展动态及创新发展研究 [J].商业经济研究（5）：58-60.

姚冠新，2020. 发展农村物流推动乡村振兴 [J]. 要闻聚焦（1）：13-15.

姚克勤，2018. 农村电商末端物流共同配送模式及决策路径 [J]. 物流技术，37（3）：20-24.

叶兴庆，2018. 新时代中国乡村振兴战略论纲 [J]. 改革（1）：65-73.

叶秀敏，2011. 三种模式惠"草根"——当前农村电子商务发展探析 [J]. 信化建设（11）：7-9.

于聚然，2008. 扶植农村电子商务促进农业经济发展 [J]. 农业网络信息（9）：73-75.

于小燕，2009. 我国农村电子商务发展现状与对策 [J]. 经济导刊（12）：68-69.

于小燕，2018. 新形势下我国农村电商物流遭遇的瓶颈及破解路径 [J]. 对外经贸实务（6）：
    85-88.

余侃华，刘洁，蔡辉，2016. 基于人本导向的乡村复兴技术路径探究——以"台湾农村再生
    计划"为例 [J]. 城市发展研究，23（5）：43-48.

喻晓燕，黄立平，2005. 供应链环境下农产品物流运作模式研究 [J]. 上海商学院学报（1）：
    34-37.

岳欣，2015. 推进我国农村电子商务的发展 [J]. 宏观经济管理（11）：66-67.

张传秀，2016. 当前我国农村电商存在的问题及对策分析 [J]. 中共南宁市委党校学报，18（1）：
    16-19.

张富利，2014. 社会转型语境下的乡村复兴之路 [J]. 山西师大学报（社会科学版），41（2）：
    111-114.

张焕梅，2008. 探讨电子商务环境下的物流业发展 [J]. 中国市场（6）：118-119.

张洁，2019. 基于农村电子商务环境下的农村物流发展研究 [J]. 农业经济（7）：135-136.

张京祥，申明锐，赵晨，2014. 乡村复兴：生产主义和后生产主义下的中国乡村转型 [J]. 国际
    城市规划，29（5）：1-7.

张静，2011. 国家政权建设与乡村自治单位——问题与回顾 [J]. 开放时代（9）：5-13.

张琦，2020. 稳步推进脱贫攻坚与乡村振兴有效衔接 [J]. 人民论坛（9）：15-17.

张强，张怀超，刘占芳，2019. 乡村振兴从衰落走向复兴的战略选择 [J]. 经济与管理，32（1）：
    6-11.

张尚武，2014. 重塑乡村活力 [J]. 小城镇建设（11）：28-30，55.

张尚武，李京生，2014. 保护乡村地区活力是新型城镇化的战略任务 [J]. 城市规划，38（11）：
    28-29.

张涛，赵磊，2017. 城乡发展一体化：解决"三农"问题的根本路径 [J]. 农村经济（10）：6.

张伟宾，2006. 新常态下三农发展机遇与挑战 [N]. 农民日报.

张亚奇，2018. 乡村振兴战略下的农村电商 [N]. 山西日报（10）：1-2.

张滢，2017. 农村电商商业模式及其进化分析 [J]. 商业经济研究（6）：161-163.

张振华，2015. 我国农村电子商务发展面临的困境与创新路径 [J]. 对外经贸实务（12）：30-33.

张筑平，2019. 电子商务模式下的农村经济发展研究 [J]. 现代商业（32）：78-79

赵静，马洁，2015. "互联网+"时代农村电商物流问题研究 [J]. 中国商论，27：62-64.

赵礼强，姜崇，成丽，2017. 农村电商发展模式与运营体系构建 [J]. 农业经济（8）：117-119.

赵露，陈宁，2018. 基于乡村振兴战略视角的"三农"问题分析 [J]. 城乡建设与发展（7）：
    251-253.

赵巍，2019. 乡村振兴战略下农村电商精准扶贫模式研究——以河南省开封市为例 [J]. 创新科
    技（9）：31-32.

赵旭东，张文潇，2018. 扶助农村电商实现乡村振兴 [N]. 中国社会科学报（6）.

郑建平，2019. 发展农村电商物流助力乡村振兴战略 [J]. 物流科技（11）：60-62.

郑亚琴，郑文生，2007. 关于构建农村电子商务评价指标体系的探讨 [J]. 技术经济（3）：63-67.

郑颖杰，刘燕妮，胡列格，2008. 基于电子商务的农产品物流组织模式构建 [J]. 综合运输（2）：
    19-22.

钟燕琼，2016. 农村电商发展现状及对农村居民消费的影响 [J]. 商业经济研究（11）：173-175

钟远涛，2015. 浅析电子商务在农村的发展新模式 [J]. 电子商务（6）：222.

周欢，黄立平，詹锦川，等，2005. 构建新型农产品物流信息平台 [J]. 江苏农业经济（6）：28-29.

朱品文，2016. 农村电商发展困境及对策分析 [J]. 商业经济研究（10）：68-69.

朱霞，周阳月，单卓然，2015. 中国乡村转型与复兴的策略及路径——基于乡村主体性视角 [J].
    城市发展研究，22（8）：38-45，72.

朱泽，2017. 大力实施乡村振兴战略 [J]. 中国党政干部论坛（12）：32-36.

邹思逸，2017. 我国农村电商的发展现状及建议 [J]. 经济研究参考（30）：30-31.

ABAD P L，AGGARWALB V，2007. Incorporating transport cost in the lot size and pricing deci-
    sions with downward sloping demand [J]. International Journal of Production Economics（3）：
    297-305.

AGUEZZOUL A, 2014.Third-party logistics selection problem : a literature review on criteria and methods [J]. Omega（49）: 69-78.

AHUMADA O, VILLALOBOS J, 2010. Application of planning models in the agree-food supply chain [J]. A review European Journal of Operational Research, 195 : 1-20.

AHUMADA O, VILLAOBOS J, 2011. Operational model for planning the harvest and distribution of perishable agricultural products [J]. International Journal of Production Economics, 133 : 677-687.

AKTER S, WAMBA S F, 2016. Big data analytic in E-commerce : a systematic review and agenda for future research [J]. Electronic Markets（11）: 197-198.

ALLAN A, CHRISTOPHER L T, 2001. Internet business models and strategies-text and cases [M]. New York : McGowan-Hill Press.

ALOTAIBI M, GRANT D, WILLIAMS T, 2020. E-commerce fulfillment in the Gulf Cooperation Council [J]. Proceedings of the Technology（11）: 37-39.

ANURADHA C, POTHUMANI S, 2018. A Case for E-Commerce [J]. International Journal of Pure and Applied（8）: 56-58.

ARTHUR SCULLY, WILLIAM, 2001. B2B market [M]. Modern Press : 98-99.

AWIAGAH R, KANG J, LIM J I, 2016. Factors affecting e-commerce adoption among SME in ghana [J]. Information Development（5）: 88-90.

BENJAMIN R, WIGAND R, 1995. Electronic markets and virtual value chains on the information superhighway [M]. Sloan Management Review, Winter.

BLAKE J, 2015. An Open Standard for the Exchange of Information in the Australian Timber Sector [J/OL]. http : //www. usq.edu.au.

BOYSEN N, DE KOSTER R, WEIDINGER F, 2018. Warehousing in the e-commerce era : A survey [J]. European Journal of Operational Research : 1-16.

CARDOSO S, LUIS F, 2018. Online payments strategy : how third-party internet seals of approval and payment provider reputation influence the Millennialsonline transactions Martinez Electronic Commerce Research（19）: 189-209.

CARPIO C E, ISENGILDINA-MASSA O, LAMIE R D, et al., 2013. Implementation of an evaluation framework for the Market Maker national network.Final report to US. Department of Agriculture FSMP program.Available online : http : //www. ams. usda.gov.

CHAFFEY D, HEMOPHILIA T, 2020. Digital business and e-commerce management [J]. Edmund-son-Bird（18）: 98-101.

CHANG M K, CHEUNG W, 2013. Building trust online : interactions among trust building mechanisms author links open overlay panel man kit chang a maiman chengdu mincing tang [J]. Information & Management（50）: 439-335.

CHAPARRO-PELAEZ J, GUDO-PEREGRINA A F, PASCUAL-MIGUEL F J, 2016. Conjoint analysis of drivers and inhibitors of e-commerce adoption [J]. Journal of Business Research（69）: 1277-1282.

CHOSHIN M, GHAFFARI A, 2017. An investigation of the impact of effective factors on the success of e-commerce in small-and medium-sized companies [J]. Computers in Human Behavior （9）: 101-103.

Clark Valid-Marketing of agricultural products [M]. Buerworth-Heinemann Ltd., 2002 : 246-248.

DOLFEN P, EINAV L, KLENOW P J, et al., 2019. Assessing the Gains from E-commerce [J]. Science and Technology（7）: 88-92.

DRABENSTOTT M, NOVACK N, ABRAHAM B, 2003. Main streets of tomorrow : growing and financing rural entrepreneurs—A conference summary [J]. Economic Review-Federal Reserve Bank of kansas city, 88（3）: 73-84.

EINAV L, LEVIN J, POPOV I, et al., 2019. Replication data for : Growth, Adoption, and Use of Mobile E-Commerce [J]. Openicpsr（8）: 18-22.

ELIA, LEFEBVRE, LEFEBVRE, 2007. Focus of B-to-B e-commerce initiatives and related benefits in manufacturing small and me dium-sized enterprises [J]. Information Systems and E-Business Management, 5（1）: 1-23.

ELSEVIER, 2011. Effective solutions for rural electrification in developing countries : Lessons from successful programs DF Barnes-Current Opinion in Environmental Sustainability : 260-264.

ESCOBAR-RODRIGUEZ T, BONSON-FERNANDEZ R, 2017. Analysing online purchase intention in Spain : fashion e-commerce [J]. Information Systems（9）: 76-78.

FALSINI D, FONDI F, SCHIRALDI M M, 2012. A logistics provider evaluation and selection-methodology based on AHP, DEA and linear programming integration [J]. Int J Prod Res 50(17): 4822-4829.

FREDERIEK K, ELLIOT B, 2004. Measuring the impact of organizational constraints on the Success of business-to-business e-commerce efforts : A transitional focus [J]. Inform Action and Management, 41 (5): 529-541.

FRUHLING, DIGMAN, 2000. The impact of electronic commerce on business-level strat-Egies [J]. Jounal of Electronic Commerce Research, 1 (1): 13-22.

FUNG D Y, EVANS S C, 2018. Method, system and computer readable medium for web site account and e-commerce management from a central location [J]. US Patent (10): 102-104.

FUNG D Y, HOOD B C, 2017. Method, system and computer readable medium for web site ac-count and e-commerce management from a central location [J]. US Patent (15): 167-169.

GARTNER W C, 2004. Rural tourism development in the USA [J]. International Journal of Tour-ism Research, 6 (3): 151-164.

GIRISH A K, BANSAL P, 2017. Expedited e-commerce tokenization [J]. US Patent (9): 484-488.

GOOLSBEE A D, KLENOW P J, 2018. Internet rising, prices falling : Measuring inflation in a world of e-commerce [J]. Aea Papers and Proceedings (108): 88-92.

GOURDIN K N, 2001. Global logistics management—a competitive advantage for the new milen-nium [J]. Blackwell Publishers Ltd (3): 317-320.

GREGORY G D, NGO L V, 2019. Developing e-commerce marketing capabilities and efficien-cies for enhanced performance in business-to-business export ventures [J]. M Karavdic- Industrial Marketing Management (7): 10-11.

GREGORY M, 2009. Virtual logistics [J]. Intemational Business (11): 36-40.

GROWELL F, STOCHATIS, 2016. Optimization based algorithms for process synthesis under uncertainty [J]. Computer and Chemical Engineering (2): 64-70.

GRUNOW M, 2011. An optimization approach for managing fresh food quality throughout the supply chain [J]. International Journal of Production Economics (11): 421-429.

HALLIKAINEN H, LAUKKANEN T, 2018. National culture and consumer trust in e-commerce [J].

International Journal of Information（13）: 90-92.

HENDERSON J, DOOLEY F, AKRIDGE J, 2004. Internet and e-commerce adoption by agricultural input firms [J]. Review of Agricultural Economics, 26（4）: 505-520.

HUDAK M, KIANICKOVU E, MADLENAK R, 2017. The importance of e-mail marketing in e-commerce [J]. Procedia Engineering（23）: 15-17.

IVANICR, AKRIDGE J, DOOLEY F, 2001. E-commerce Strategies among agricultural input. firms [R]. C.Ehmke Staff Paper.

JALALI A A, OKHOVVAY M R, OKHOVVAT M, 2011. A new applicable model of Iran rural e-commerce develpment [J]. Procedia Computer Science（3）: 1157-1163.

JANG W, KLEIN C M, 2009. Supply chain models for small agricultural enterprises [J]. Annals of Operations Research, 190 : 359-374.

JO Y J, MATSUMURA M, WEINSTEIN D E, 2020. The Impact of E-Commerce on Prices and Welfare [J].（3）: 67-69.

KALAKOTA R, WHINSTON A B, 2000. 电子商务管理指南 [M]. 陈雪美, 译 . 北京 : 清华大学出版社 .

KAPOOR R V, LO J W, NG J W, 2016a. E-commerce messaging using SMS [J]. US Patent（9）: 78-79.

KAPOOR R V, LO J W, NG J W, 2016b. E-commerce messaging using SMS [J]. US Patent（5）: 47-49.

KELLT N, 2001. Gourdin. Global logistics management-a competitive advantage for the new millennium [J]. Black well Publishers Ltd.（3）: 317-320.

KOUROUTHANASSIS P E, GIANNAKOS M N, 2017. The interplay of online shopping motivations and experiential factors on personalized e-commerce : A complexity theory approach [J]. Telematics and International（9）: 46-47.

KUMAR S, PETERSEN P, 2006. Impact of e-commerce in lowering operational costs and raising customer satisfactions [J]. Journal of Manufacturing Technology Management, 17（3）: 283-302.

LALONDE, BEMNARDAUL, 1976. Zinszer. Customer serviee : Meaning and measurement Chicago [J]. National Council of Physical Distribution Management, 4（4）: 59-64.

LEE H L, 2001. Winning the last mile of E-commerce [J]. MIT Sloan Managerment Review : 54-62.

LEEBVRE L A, LOUIS-A L, ELISABETH L, ELIE E, 2005. Exploding B-to-B e-commerce Adoption trajectories in manufacturing SMEs [J]. Tech Innovation, 25 (12): 1443- 1456.

LEONG C M I, PAN S L, NEWELL S, et al., 2016. The emergence of self-organizing e-commerce ecosystems in remote villages of china : a tale of digital empowerment for rural development [J]. Mis Quarterly, misq.org.

LEUNG K H, CHOY K L, SIU P K Y, et al., 2018. A B2C e-commerce intelligent system for re-engineering the e-order fulfillment process [J]. Expert Systems (7): 63-67.

LI C Y, KU Y C, 2018. The power of a thumbs-up: Will e-commerce switch to social commerce? [J]. Information & Management (7): 64-66.

LI H, TIAN Y, LIU Y, et al., 2013. UAI-IOT Framework : A Method Of Uniform Interfaces to Acquire Information from Heterogeneous Enterprise Information Systems[C]//Green Computing and Communications (GreenCom), 2013 IEEE and Internet of Things (iThings/CPSCom), IEEE International Conference on and IEEE Cyber, Physical and Social Computing. IEEE : 724-730.

LIM S F W T, JIN X, SRAI J S, 2018. Consumer-driven e-commerce [J]. Journal of Physical Distribution & Logistics (5): 90-91.

LIU G, NGUYEN T, ZHAO G, et al., 2016. Repeat buyer prediction for e-commerce [J]. Proceedings of the National Academy (7): 67-69.

MARCH S, HEVNER A, RAM S, 2009. Applying the technology acceptance model and flow theory to online consumer Behavior [J]. Information System Research, 13 (2): 115-124.

MARTINEZ-NAVARRO J, BIGNE E, GUIXERES J, 2019. The influence of virtual reality in e-commerce [J]. Journal of Business (8): 12-15.

MELTZER J T, FLINT D J, KENT J L, 2003. Logistics service quality as a segment- customized process [J]. Journal of Marketing, 65 (4): 82-104.

MELTZER J T, GOMES R, RAPFEL R E, 1989. Physical distribution service : a fundamental marketing concept [J]. Journal of the Academy of Marketing Science, 17 (4): 53-62.

MICHAEL J, 2007. World-class logistics: managing continuous change [J]. Industrial Engineer (12):

48-53.

MICHAEL R，2017. Managing the Digital Enterprise-Business Models and in the Web [J/OL]. http：//digitalententerprise.org/models/models.html.

MICHALOWSKA，2015. Forming relationships on the e-commerce market as a basis to build loyalty and create value for the customer. Empirical findings [J]. Management（1429-9321）：57-72.

MOSS C B，SCHNFITZ T G，KAGAJ A，2005. Economics and the Emergence of E-chortler：in Agribusiness [J]. Journal of Agribusiness：83-101.

MUELLER R A E，2001. E-commerce and entrepreneurship in agricultural markets [J]. American Jounal of Agricultural Economics：1243-1249.

NISAR T M，PRABHAKAR G，2017. What factors determine e-satisfaction and consumer spending in e-commerce retailing? [J]. Journal of Retailing and Consumer Services（34）：13-15.

NTALIANI M，COSTOPOULOU C，KARETSOS S，et al.，2010. Agricultural e-government services：An impl ementation framew ork and case study [J]. Computers and Electronics in Agriculture，7（2）：337-347.

OLIVEIRA T，ALHINHO M，RITA P，et al.，2017. Modelling and testing consumer trust dimensions in e-commerce [J]. Computers in Human Behavior（71）：153-164.

OPARE S，2007. Strengthening community-based organizations for the challenges of rural development [J]. Community Development Journal，42（2）：251-264.

OSVALD A，STIRN L Z，2008. A vehicle routing algorithm for the distribution of fresh vegetables and similar perishable food [J]. Journal of Election Engineering，85：285-295.

PERCIN S，MIN H，2013. A hybrid quality function deployment and fuzzy decision-making methodology for the optimal selection of third-party logistics service providers [J]. Int J Logist Res Appl，16（5）：380-397.

PERRAUIT W D，RUSS F，1974. Physical distribution service：neglected aspect of marketing management [J]. MSU Business Topics，22（2）：37-45.

POOLE B，2001. How will agricultural E Markets evolve?[R]. Washington DC：Paper Presented at the USD A Outlook Forum：22-23.

RAHAYU R，DAY J，2017. E-commerce adoption by SME in developing countries：evidence from indonesia [J]. Eurasian Business Review（8）: 72-75.

REN S，CH-OI T M，LEE K M，et al.，2020. Intelligent service capacity allocation for cross-border-E-commerce related third-party-forwarding logistics operations : A deep learning approach [J]. Transportation Research Part E : Logistics（9）: 65-66.

RUII-GARCIA L，STEINBERGER G，ROTHMUND M A，2010. Model and pro-to-type implementation for tracking and tracing agricultural batch products along the food chain [J]. Food. Control，21 : 112-121.

RUTHERFORD B，DAGHER A，WISEMAN M，2016. Customer authentication in E-commerce transactions [J]. US Patent（7）: 28-29.

SANTOS B D L，HORTACSU A，WILDENBEEST M R，2017. Search with learning for differentiated products : Evidence from e-commerce [J]. Journal of Business（6）: 56-58.

SCHNIEDERJANS M J,SCHNIEDERJANS D G,2018. Topics In Lean Supply Chain E-Commerce [J]. World Scientific Book（7）: 55-58.

SCHULZ T W，2010. Transforming traditional agriculture [M]. Commercial Press Co. Ltd.

SCOONES I，2009. Livelihoods perspectives and rural development [J]. The Journal of peasant studies，36（1）: 171-196.

SHANKAR D，NARUMANCHI S，ANANY H A，2017. Deep learning based large scale visual recommendation and search for e-commerce [J]. arXiv preprint（11）: 90-94.

SHEN F W，LIU Z Y，2016. Typical model and experience of rural governance in developed countries Reference [J]. Agricultural Economic Issues（9）: 93-102.

STEVENS G C，2004. Integrating the supply chain [J]. International Journal of Physical Distribution and Material Management（19）: 104-106.

SUN J，YANG Z，WANG Y，et al.，2015. Rethinking E-C o1mmerce service quality : does website quality still surface? [J]. Journal of Computer Information Systems，55（4）: 62-72.

TABESH M，ARBABIAN M A，JAVAHERI H，et al.，2005. Rural Telecommunications in iran : a hybrid solution [J]. International Conference on Internet Technologies and Applications（ITA）: 71-83.

TABESH M，ARBABIAN M A，JAVAHERI H，et al.，2001. E-commerce strategies among agricultural input firms [R]. C.Ehmke-Staff Paper.

TAM C, LOUREIRO A, OLIVEIRA T, et al., 2020. The individual performance outcome behind e-commerce : Integrating information systems success and overall trust [J]. Individual Technology（18）: 90-92.

TANG L X, 2016. Problems in Development of Rural E-commerce and logistics and recommendations [J]. Asian Agricultural Research（8）: 41-47.

TIM D, 2003. E-commerce me asurements and analysis [J]. Statistics Journal of the United Nations Economics Commission for Europe, 20（3-4）: 289-301.

TU C, HE M K, REN Y, et al., 2018. Research on the Logistics Embeddedness in Rural Town E-commerce [J]. Proceedings of the Fifth International Forum on Decision Sciences（12）: 241-254.

VAKULENKO Y, HELLSTROM D, HJORT K, 2018. Whats in the parcel locker? Exploring customer value in e-commerce last mile delivery [J]. Journal of Business Research（2）: 66-69.

VLOSKY R P, 2002. An exploratory study of internet adoption by primary wood products manufacturers in the western united states [J]. Forest Products Journal : 35-42.

WANG J, HUANG P, ZHAO H, et al., 2018. Billion-scale commodity embedding for e-commerce recommendation in alibaba [J]. Proceedings of the 24th Conference of the International Society（9）: 91-92.

WANG W T, WANG Y S, LIU E R, 2016. The stickiness intention of group-buying websites : The integration of the commitment-trust theory and e-commerce success model [J]. Information & Management（9）: 78-82.

WANTZ J T, ZABEL R, VANDENBERG G, 2018. Native e-commerce transactables for familiar user environments [J]. US Patent（2）: 44-47.

WARD B, DUBOS R, 1997. Only one earth four [M]. Jilin Peoples Publishing House.

WEILL P, RVITALE M, 2001. Enterprise e-eight prototype [M]. Blue Whale Publishing Co. Ltd.

WEN W, 2007. A knowledge-based intelligent electronic commerce system for selling agricultural products [J]. Computers and Electronic in Agriculture, 57 : 33-46.

WHITEMAN A, 2000. Promoting rural development through forestry policy : some experiences from developing countries [C]. Presentation to the seminar : The role of forests and forestry in rural development implications for forest policy : contribution to Work of the Ministerial Conference on the Protection of Forests in Europe : 5-7.

WINTER M, 2013. Rural politics : policies for agricultural, forestry and the environment [M]. Rutledge.

WISCHMIER, 2008. Indicators of the information revolution [J]. Technology in Society, 8 (6) : 56-58.

YADAV M, RAHMAN Z, 2017. Measuring consumer perception of social media marketing activities in e-commerce industry : Scale development & validation [J]. Telematics and Informatics (9) : 77-79.

YAN Q, WU S, WANG L, et al., 2016. E-WOM from e-commerce websites and social media : Which will consumers adopt [J]. Commerce Research (7) : 9-11.

YIM M Y C, CHU S C, SAUER P L, 2017. Is augmented reality technology an effective tool for e-commerce? [J]. An interactivity and vividness perspective Journal of Interactive Marketing (12) : 8-12.

YU Y, WANG X, ZHONG R, et al., 2016. E-commerce logistics in supply chain management : practice perspective [J]. Procedia Cirp (18) : 9-11.

YUAN S J, 2020. Basic conception of research on construction of rural logistics system in hunan province based on rural revitalization strategy [J]. Proceedings of the 5th International Conference on Economics, Management, Law and Education (7) : 9-11.

ZENG H X, 2015. Opportunities and challenges for rural electric business development under the background of "Internet + agriculture" [J]. Trade Finance (18) : 55-57.

ZHANG X Q, 2017. Research on the development of rural electric merchants in the mode of "internet + agriculture" [J]. 4th International Conference on Education, Management and Computing Technology (101) : 94-97.

ZHOU M, DING Z, TANG J, et al., 2018. Micro behaviors : A new perspective in e-commerce recommender systems [J]. Conference on Web Search and Data (3) : 72-75.

ZUREK J, 2015. E-commerce influence on changes in logistics processes [J]. LogForum (11) : 129-138.

附　录

附录1：农村电商物流服务质量问卷调查

尊敬的先生／女士：

　　您好，非常感谢您在百忙之中抽出宝贵时间支持农村电商物流服务质量问卷的调查工作。本次问卷调查主要是为了调查影响农村电商物流服务质量的因素，调查结果仅用于学术研究，对您的个人信息绝对保密，且本次调查属于匿名调查，不会涉及您的隐私，非常感谢您的参与和配合！

第一部分 基本信息

1. 您的性别：

A. 男　　　　　　　　B. 女

2. 您的年龄：

A. 18~30 岁　　　　B. 31~40 岁　　　　C. 41~50 岁　　　　D. 50 岁以上

3. 您目前从事的职业：

A. 在校农村大学生　　　　B. 农村教师　　　　C. 城市里的农民工

D. 物流网店工作人员　　　　E. 农村居住农民

4. 您的学历：

A. 大专以下　　　B. 大专　　　C. 本科　　　D. 硕士及以上

第二部分　农村电商网络购物行为的基本现状调查

1.您每月的购物量为?

A.0~5 次　　　　　B.6~10 次　　　　C.10 次以上

2.您平均每次网购物品的花销约为多少?

A. 100 元以下　　　B. 100~300 元　C.300~500 元　　D.500 元以上

3.您使用电商平台多长时间了?

A. 1 年以下　　　　B. 1~2 年　　　　C. 2~3 年　　　　D. 3 年以上

4.您是否重视购物过程中的物流服务?

A. 非常重视　　　　B. 重视　　　　　C. 一般重视　　　D. 不重视

5.物流质量的好坏是否会影响到您下一次的购买?

A. 会　　　　　　　B. 不会

第三部分　农村电商物流服务质量满意度调查

下述问题的描述,是否符合您的实际情况?请根据实际情况进行勾选。

维度	题项	不满意	较不满意	一般	比较满意	非常满意
服务便利性	配送网点在农村的覆盖率较高且电商平台提供多种配送方式,如邮政、顺丰、圆通、中通、申通、韵达等					
	客户退换货时去往服务网点的交通便利且距离较近					
	退换货流程简易,农户好操作					
	可提供多种付款方式,如直接付款、货到付款、朋友代付					
	收货时间更具个性化,能够根据客户的时间调整送货时间					
服务响应性	在客户下单之前对于商品的咨询客服回答及时且专业					
	在确认订单后发货的速度迅速及申请退换货的处理及时					
	运输途中出现货物遗失或损坏等,物流公司处理快且及时					
	在客户对于商品的质量或者使用等方面存在疑惑向客服投诉时,其处理的方式得当与反应及时					

维度	题项	不满意	较不满意	一般	比较满意	非常满意
服务可靠性	收到包裹的外包装及货物是完好无缺的					
	卖家确认货物与订单物品相一致					
	卖家确保没有订单遗漏					
服务经济型	配送费用以及退换货物流费用价格合理					
	应对农村不同的路段等有合理的配送体系或物流公司在农村建立健全的县–乡–镇–村一体化物流体系，降低运费					
	物流公司提供代买、代卖、送货上门等服务					
服务信息性	发货之后客户可以及时追踪到物流位置					
	物流的实际位置与物流信息相一致					
	在物流的位置发生变化或者出现其他问题时，能够第一时间补充信息					
服务移情性	物流服务人员的服务态度以及其着装、服务流程是否正规					
	快件到达后物流服务人员是否及时电话或短信通知，安排送货服务					
	根据不同的客户需求安排不同的送货时间或付款方式，进行个性化服务					
	在客户拿到货品时主动告知顾客验货并签字					

附录 2　隰县农村电商物流服务质量影响因素重命名

影响因素	重命名	编号
农村交通条件较好，公路覆盖率高	交通通达度	X1
电商物流信息的充足性	信息充足性	X2
电商物流信息的及时性	信息及时性	X3
电商物流信息的准确性	信息准确性	X4
电商物流信息查询的便利性	信息便利性	X5
电商物流服务人员形象	服务形象	X6
电商物流服务人员态度	服务态度	X7

影响因素	重命名	编号
电商物流配送设备的先进程度	物流设备的先进程度	X8
电商物流配送速度	服务效率	X9
电商物流配送成本	物流价格	X10
退换货处理时间	处理能力	X11
电商物流覆盖范围较广	物流覆盖范围	X12
电商物流的订单响应时间较短，与消费者的互动频繁	互动频率	X13
电商物流的基础配套设施较为完备	基础设施完善程度	X14
电商物流服务站及服务网点的数量	服务网点数量	X15
农村信息化水平	信息化水平	X16
电商物流销售渠道及服务渠道丰富	服务渠道	X17
电商物流服务的广告宣传活动	宣传力度	X18
电商物流服务品牌的知名度较高，品牌竞争力较强	知名度	X19
当地政府为农村电商物流服务进行有效宣传	宣传力度	X20
当地政府出台相关政策以提升农村电商物流服务质量	出台政策	X21
当地政府加大对电商物流服务人员的培训力度	开展培训	X22
当地政府为农村电商物流提供质量安全保障	安全保障	X23
电商物流资源整合能力	整合能力	X24
电商物流发展的历史久远，已形成专业化电商物流服务流程	发展历史	X25
电商物流服务形式多元化、个性化	服务形式	X26
农村地区经济发展水平较高	经济水平	X27
居民消费需求多样化	消费需求	X28
居民素质较高、受教育程度较高	综合素质	X29
电商物流服务的社会认可度高	社会认可度	X30
电商物流服务规模较大	服务规模	X31
互联网、大数据、云计算等新兴技术发展水平	新兴技术发展水平	X32
政府工作人员对农村电商物流发展的重视程度	重视程度	X33

附录3 隰县农村电商物流服务质量影响因素调查问卷

尊敬的女士／先生：

您好！非常感谢您在百忙之中抽出宝贵的时间来填写我们的调查问卷，此调查问卷旨在研究影响隰县农村电商物流服务质量的主要因素。您的参与结果将是我们非常重要的研究资料，我们保证此次回收的问卷仅用于学术研究，对您的个人信息绝对保密，不会泄露外传，感谢您的积极配合。

基本信息问卷

	问题	选项			
1	您的性别	□男		□女	
2	您的年龄	□ 30 岁及以下	□ 31~40 岁	□ 41~50 岁	□ 50 岁以上
3	您的受教育程度	□大专以下	□大专	□本科	□硕士及以上
4	您目前从事的职业	□行政与事业单位人员	□企业人员	□个体工商户	□学生　□其他
5	您是否了解隰县农村电商物流服务质量	□很不了解	□不太了解	□比较了解	□非常了解

下面是一些描述隰县农村电商物流服务质量影响因素的条目。评判方法：数字"1、2、3、4、5"分别代表"很不重要、不太重要、一般重要、比较重要和非常重要"，请您根据自己的理解在最符合的数字上划"√"。

隰县农村电商物流服务质量影响因素调查问卷

	影响因素	很不重要	不太重要	一般重要	比较重要	非常重要
X1	农村交通条件较好，公路覆盖率高	1	2	3	4	5
X2	电商物流信息的充足性	1	2	3	4	5
X3	电商物流信息的及时性	1	2	3	4	5
X4	电商物流信息的准确性	1	2	3	4	5
X5	电商物流信息查询的便利性	1	2	3	4	5

影响因素		很不重要	不太重要	一般重要	比较重要	非常重要
X6	电商物流服务人员形象	1	2	3	4	5
X7	电商物流服务人员态度	1	2	3	4	5
X8	电商物流配送设备的先进程度	1	2	3	4	5
X9	电商物流配送速度	1	2	3	4	5
X10	电商物流配送成本	1	2	3	4	5
X11	退换货处理时间	1	2	3	4	5
X12	电商物流覆盖范围较广	1	2	3	4	5
X13	电商物流订单响应时间较短，与消费者互动频繁	1	2	3	4	5
X14	电商物流的基础配套设施较为完备	1	2	3	4	5
X15	电商物流服务站及服务网点的数量	1	2	3	4	5
X16	农村信息化水平	1	2	3	4	5
X17	电商物流销售渠道及服务渠道丰富	1	2	3	4	5
X18	电商物流服务的广告宣传活动	1	2	3	4	5
X19	电商物流服务品牌知名度较高，品牌竞争力较强	1	2	3	4	5
X20	当地政府为农村电商物流服务进行有效宣传	1	2	3	4	5
X21	当地政府出台相关政策提升电商物流服务质量	1	2	3	4	5
X22	当地政府加大对电商物流服务人员的培训力度	1	2	3	4	5
X23	当地政府为农村电商物流提供质量安全保障	1	2	3	4	5
X24	电商物流资源整合能力	1	2	3	4	5
X25	电商物流已形成专业化电商物流服务流程	1	2	3	4	5
X26	电商物流服务形式多元化、个性化	1	2	3	4	5
X27	农村地区经济发展水平较高	1	2	3	4	5
X28	居民消费需求多样化	1	2	3	4	5
X29	居民素质较高、受教育程度较高	1	2	3	4	5
X30	电商物流服务的社会认可度高	1	2	3	4	5
X31	电商物流服务规模较大	1	2	3	4	5
X32	互联网、大数据、云计算等新兴技术发展水平	1	2	3	4	5
X33	政府工作人员对农村电商物流发展的重视程度	1	2	3	4	5

后　记

这本书稿的撰写已经接近尾声，当我开始提笔写后记的时候，甚有一种如释重负的感觉。撰写一本书对于我而言是人生中一次新的体验，十多年来一直教书，我总会觉得自己身上有种使命感，传播知识，所以每每见到他人将自己的学术成果印在一张张散发着独特芳香的纸张上供人阅读借鉴时，我都会因传播了知识而觉得出版著作这件事是十分神圣且令我羡慕的。而今我也出版了属于自己的书籍，内心的喜悦不禁喷涌而出。

本书从研究分析到最后完稿是一个漫长的过程，其中时常穿插着学术倦怠期，虽几番易稿，仍有诸多不足，但毕竟是我多年努力得来的研究成果，其中也凝聚着导师的悉心教诲、亲人们的关爱以及同事、朋友的鼓励与帮助。在此，我对所有关心和帮助过我的老师、家人、同学和朋友致以最诚挚的感谢！

首先，我要感谢昔日的恩师张遂教授，昨日受教于恩师，今日我已是一名传道授业解惑的师者，但是恩师在建设文献库、学习前沿理论以及对我的学术研究训练等方面始终让我受益匪浅。数年来，先生以监督严谨的治学态度、宽厚仁慈的长者情怀和不辞辛劳提携后学的积极乐观精神，为我树立了学习的极佳典范。

其次，良好的环境是一位学者研究学术问题的基石，所以我要感谢山西工商学院商学院院长张遂教授以及我的各位领导和同事，他们为我进行科学研究提供了一个相对宽松、自由、良好的环境，让我有更多的时间、精力进行本书的撰写，本书的完成得到了他们的鼎力支持。此外，还要感谢我的学生们，昨日我为他们解惑，今日他们为我减压，这本书的成功离不开这群孩子的帮助，我想向我的学生们提出最美好的祝愿。愿他们在个人未来的路上披荆斩棘，成为自己的勇士。

最后，我还要感谢我的爱人及家人们，是他们的无私呵护和支持才给予了我时间和精力，是他们用关爱与理解为我的研读与写作创造了良好的氛围和环境，灯下回首，爱意满怀。在工作期间风雨兼程甘苦相伴，只有他们能体会到我的艰辛，对于亲人的愧疚与感激溢于言表！

我还要真诚地感谢所有参考文献的作者，正是借鉴了他们丰硕的研究成果，才使得我的研究能够顺利开展并如期完成。

本书的完成，对我而言绝不意味着就此止步，在今后的道路中我还要继续努力，继续攀登！我想，这是对我的家人，以及曾经帮助过我的各位老师、朋友及同学们的最好报答。我会加倍努力，在学术领域更上一层楼，用自己的研究成果来回报大家！

2020 年 3 月 20 日